EXISTENZGRÜNDUNG
IN DER GASTRONOMIE

Das aktuelle Booklet aus der
GASTRO-COACHING-Reihe

GASTRONOMIE
AM PULS DER ZEIT

Die Gastronomie ist nicht nur systemrelevant, sondern in kritischen Zeiten wie diesen quasi existenziell für das Überleben unserer Demokratie.

Gehen Sie mutig voran, mit Herz und Verstand. Deutschland braucht Sie!

Das aktuelle Booklet für
alle Gründer*innen aus der
GASTRO-COACHING-Reihe

Bibliografische Information der Deutschen Nationalbibliothek: Die Deutsche Nationalbibliothek verzeichnet diese Publikation in der Deutschen Nationalbibliografie; detaillierte bibliografische Daten sind im Internet über http://dnb.dnb.de abrufbar.

Redaktion: DIE TEXTWERKSTATT "korrekt getippt"
Covergestaltung und Grafiken: CanvaPro

Verlag: BoD · Books on Demand GmbH, Überseering 33, 22297 Hamburg, bod@bod.de
Druck: Libri Plureos GmbH, Friedensallee 273, 22763 Hamburg

ISBN: 978-3-8192-8087-0

INHALT

GLÜCKWUNSCH!

Sie wollen sich in der Gastronomie selbständig machen? Glückwunsch! Die Zeiten waren nie besser, aber auch nie schlechter. Wie das zusammenhängt und worauf Sie achten müssen, werde ich Ihnen in diesem Booklet erläutern. Als Vollblutgastronom und Coach, der seit über 35 Jahren in dieser großartigen Branche arbeitet, ist es mir ein besonderes Anliegen, Ihnen als Gründer*in das nötige Handwerkszeug mit auf den Weg zu geben.

Warum? Weil es zu viele Pleiten in der Gastro gibt und zu wenig Knowhow. Es reicht einfach nicht, mit einer Prise Mut und der Hoffnung auf Rückenwind ein paar Stühle in die Sonne zu stellen. Der Verdrängungsmarkt Gastronomie bietet viele Stolpersteine, aber auch unfassbar viele Möglichkeiten. Behalten Sie bitte immer beides im Blick, denn weder blinder Feuereifer noch unnötiger Pessimismus werden Sie erfolgreich machen.

Als Gastrocoach habe ich viele, sehr viele Gespräche mit Gastronom*innen geführt und leider immer wieder feststellen müssen, dass die einen Probleme ignorieren, die anderen mögliche Chancen. Insofern bin ich froh, dass Sie dieses Booklet gekauft haben und bestenfalls auch nutzen werden. Finden wir gemeinsam heraus, wo die Tücken in der Existenzgründung liegen, welche Herausforderungen auf Sie warten und wie Sie innovativ und mit Weitblick Ihr Gastrounternehmen aufbauen.

Dazu werden wir unter anderem die folgenden Fragen klären:

1. In welcher Gastro-Sparte wollen Sie gründen?
2. Erfüllen Sie alle persönlichen Voraussetzungen?
3. Was sollten Sie bei der Standortauswahl beachten?
4. Welche Rechtsform ist die passende?
5. Steht die Finanzierung?
6. Wer kümmert sich um Ihre Steuern/Versicherungen?
7. Wie läuft das mit Gewerbeanmeldung/Konzession?
8. Für wen möchten Sie am liebsten arbeiten?
9. Wie finden Sie gutes Personal?
10. Brauchen Sie einen Businessplan?
11. Was ist HACCP?
12. Welche Fehler sollten Sie unbedingt vermeiden?

Klingt erst mal viel, oder? Durchatmen!

Holen Sie sich Stift und Papier, öffnen Sie Ihren Laptop, Ihr MacBook oder was auch immer Sie für Ihre optimale Vorbereitung als sinnvoll erachten …

KANN ES LOSGEHEN?
SIND SIE BEREIT, IHREN TRAUM VOM EIGENEN GASTROBETRIEB ZU VERWIRKLICHEN?

Dann lassen Sie uns jetzt gemeinsam schauen, wie wir Ihr Geschäft nachhaltig zum Laufen bringen. Denn eines ist klar: Ihr Start-up in der Gastro ist wichtig!

Wir schaffen Orte der Begegnung, der Freude, des Glücks. Wir bringen Menschen zusammen und geben ihnen das, wonach wir uns in diesen dunklen Zeiten alle sehnen: Gemeinschaft, Genuss, Frieden, Anerkennung, Miteinander. Jede/r aus unserer Zunft leistet einen wichtigen Beitrag, deshalb können wir auch auf niemanden verzichten.

Genauso klar ist aber auch, dass 80 Prozent aller Gründer*innen es nicht schaffen. Deshalb werde ich im Folgenden keinesfalls zimperlich sein, denn mein Job ist es nicht, Ihnen mit Tschakka-Sprüchen Mut zu machen oder lediglich 08/15-Fakten anzubieten, die Sie jederzeit im Netz nachlesen können. Ich möchte Sie motivieren, sich in Verantwortung zu üben, Ihr Unternehmen krisensicher aufzustellen und so widerstandsfähig wie nur möglich zu machen.

Nehmen Sie sich Zeit und lesen bitte jedes Kapitel mit der nötigen Sorgfalt. Arbeiten Sie mit den Checklisten und hören Sie gern auf mich alten Hasen, aber finden Sie unbedingt Ihren eigenen Weg ...

Machen Sie es gut – im wahrsten Sinne!
Ihr GASTRO-COACH
Pero Vrdoljak

VORBEREITUNG

Wer oder was hat Sie motiviert, den Entschluss zu fassen, sich in der Gastronomie selbständig zu machen? Sind Sie gerade dabei, Ihren Businessplan zu schreiben? Oder träumen Sie noch vom großen Glück?

Ich kenne Sie nicht und kann nur ahnen, an welchem Punkt Sie gerade sind. Da wir uns nicht im direkten Coachinggespräch befinden, ist es wichtig, dass Sie alle Fragen in diesem Booklet mit der nötigen Ernsthaftigkeit und individuell für sich beantworten. Denn es geht ausschließlich um Sie. Beginnen wir deshalb mit dem wichtigsten Element Ihrer beruflichen Zukunft: mit Ihnen.

WAS WILL ICH?

Wer sich auf eine Reise begibt und kein Ziel hat, wird niemals ankommen. Da nützen keine schnellen Züge, kein Support, kein Geld. Also, was ist Ihr Ziel: Selbständigkeit, etwas schaffen, jemand sein? Klar, verstehe ich. Aber was wollen Sie konkret? Haben Sie Ihr Konzept schon erstellt? Nein, noch nicht? Kein Problem. Wir werden später darauf zurückkommen. Jetzt ist vorerst entscheidend, dass Sie Ihre Zielsetzung so präzise wie möglich ausformulieren. Und zu jeder guten Zielsetzung gehören Meilensteine, Zwischenstopps, Verschnaufpausen, Check-ups. Was Sie brauchen, ist ein Plan, und zwar einen wirklich guten, um ab Tag 1 Ihres Trips in die einzigartige aber auch oft brutale Selbständigkeit genau zu wissen, wo Sie stehen und wie es weitergeht.

Machen Sie sich hingegen ohne Plan und ohne konkretes Ziel auf den Weg, werden Sie täglich sechzehn Stunden schuften, sich im Hamsterrad drehen, Ihre Familie, Freunde, möglicherweise sogar Ihre Gesundheit vernachlässigen. Sie werden am Papierkram verzweifeln, schlaflos mit bürokratischen Monstern im Bett liegen, wichtige Termine vergessen, jede Menge Geld vernichten und sich irgendwann fragen: Was mache ich hier eigentlich?

Falls Sie die Frage nach Ihrem Ziel hier und jetzt nicht eindeutig beantworten können, suchen Sie bitte so lange, bis Sie eine Antwort gefunden haben, oder lassen Sie es lieber direkt bleiben.

Nein, Sie kennen Ihr Ziel, haben einen Plan?

Okay, dann kommt hier meine erste Aufgabe. **Schreiben Sie auf, was Sie wollen: am ersten Tag, im ersten Monat, nach einem Jahr, nach drei Jahren!**

Wo will ich hin?

_____

_____

_____

_____

_____

Wovon will ich weg?

_____

_____

_____

_____

_____

Wann will ich was erreicht haben?

_____

_____

_____

_____

_____

Was muss ich dafür tun?

_____

_____

_____

_____

_____

WAS KANN ICH?

Jeder erfolgreiche Gastronom, jede erfolgreiche Gastronomin zeichnet sich durch das Talent zur Vielfalt aus. Er oder sie ist ein Allrounder mit Fachwissen, Empathie, Pragmatismus sowie unternehmerischem Handeln.

Viele Gastrogründer*innen hingegen sind nicht darauf vorbereitet, was sie tatsächlich erwartet, wie schwer die Anlaufphase sein kann, wie zermürbend die Bürokratie, wie anstrengend der Alltag. Nur weil jede/r einen Gastrobetrieb eröffnen könnte, muss nicht jede/r langfristig erfolgreich sein. Deshalb sollten Sie sich unbedingt vor der Gründung fragen, ob Sie willens und in der Lage sind, sämtliche Vorrausetzungen zu erfüllen.

Im nachhaltigen Gastronomiegeschäft geht es nicht nur um innovative Ideen oder die Fähigkeit, Menschen zu begeistern. **Sie brauchen Sachverstand, Liquidität und den eisernen Willen, mehr zu geben als andere.**

Vor diesem Hintergrund möchte ich, dass Sie jetzt in sich gehen und sachlich reflektieren, was Sie können und wozu Sie bereit sind. Denn erst wenn Sie sich selbst wirklich kennen, sind Sie in der Lage, andere von sich überzeugen. Nur wenn Sie eigenständig und objektiv Defizite analysieren, können Sie daran arbeiten. Logisch, oder? Na ja, die Sache mit der Selbsteinschätzung hat leider Tücken. Kaum jemand hat das gelernt, aber es wird ab sofort von Ihnen erwartet. Sowohl mögliche Geldgeber als auch Ihre zukünftigen Gäste wollen wissen, mit wem sie es zu tun haben. Potenzielle Mitarbeiter*innen sollen Sie respektieren – aber warum?

Zukünftig hat alles mit Ihnen zu tun, mit Ihrer Persönlichkeit, Ihren individuellen Stärken, Ihrem Knowhow, Ihrem ganz persönlichen USP. Auch die Analyse Ihrer charakterlichen Schwächen und fachlichen Defizite gehört zu einer guten Vorbereitung. Was Sie nicht oder nur unzureichend können, sollten Sie bestenfalls lernen oder delegieren. Aber dazu müssen Sie wissen, was Sie können und was eben nicht. Schreiben Sie bitte jetzt auf, was Ihre Attribute sind!

Was sind meine persönlichen Stärken?

_____

_____

_____

_____

_____

Was sind meine fachlichen Skills?

_____

_____

_____

_____

_____

Was werde ich bis wann lernen?

_____

_____

_____

_____

_____

Woran muss ich noch arbeiten?

_____

_____

_____

_____

_____

WAS BRAUCHE ICH?

Wie gesagt: einen Plan, einen wirklich guten! Ich habe mit Gastronom*innen gesprochen, denen der Laden dichtgemacht wurde, weil die Hygienevorschriften nicht eingehalten wurden, die Insolvenz anmelden mussten, weil sie naiv Verträge unterschrieben oder vergessen hatten, Rücklagen zu bilden. **Machen Sie diese Fehler bitte nicht!**

Falls Sie es bisher vermieden haben, fangen Sie bitte umgehend damit an, sich im Detail klarzumachen, was auf Sie zukommt. Arbeiten Sie mit den Checklisten in diesem Booklet und verschwenden nicht unnötig Zeit mit Ämterterminen, weil Sie Unterlagen vergessen haben. Bereiten Sie sich sorgfältig auf die Anmeldung Ihres Gastgewerbes, die Beantragung einer Konzession, eines Kredites vor. Das ist nicht einfach nur lästiger Papierkram, sondern die Basis Ihrer zukünftigen Existenz. Denn bevor Sie das erste Bier zapfen, das erste Eis, den ersten Drink oder die erste Bowl verkaufen, müssen Sie die Hürden der Bürokratie überwinden.

Das ist Ihr erster Meilenstein.

Und vergessen Sie bitte in Ihrer Budgetplanung nicht, dass ebendiese Hürden sowohl mit Nerven als auch mit Kosten verbunden sind. Diese richten sich nach Art, Umfang und Ort Ihres Geschäftes. Jedes Bundesland regelt das Gaststättenrecht unterschiedlich. So können in Brandenburg (BbgGastG) die Gebühren und Vorgaben für eine Schankerlaubnis andere sein als beispielsweise in Niedersachsen (NGastG). Für die Antragserteilung sind die Kommunalverwaltungen (z.B. Berliner Bezirksverwaltung) zuständig. Diese stellen auch eine vorläufige Erlaubnis aus, falls der bestehende Betrieb übergangslos weitergeführt werden soll. Damit sind Sie vorerst auf der rechtlich sicheren Seite, endgültig genehmigt wird erst nach erfolgter Prüfung ohne Beanstandungen. Weitere zuständige Stellen sind: Ordnungsamt,

Bauamt, Amt für Umweltschutz, Landesamt für Arbeitsschutz, die Feuerwehr und Lebensmittelüberwachung.

AUF DER SICHEREN SEITE

Sollten Sie vorhaben, eine GmbH, GbR oder in einer anderen Rechtsform gründen zu wollen, kommen weitere Gebühren auf Sie zu. Und dann ist da noch die Anmeldung bei GEZ und GEMA. Auch wenn Sie keinen Fernseher in Ihrem Gastrobetrieb haben und keine Konzerte veranstalten werden, sind Sie trotzdem gebührenpflichtig. Im Kapitel RECHTLICHES am Ende dieses Booklets gehe ich ausführlich auf dieses Thema ein.

Liegen die Behördengänge hinter Ihnen, können Sie zu Recht stolz auf sich sein. Allerdings ist das nur die erste Hürde. Machen Sie sich vertraut mit den rechtlichen Aspekten im Hotel- und Gaststättengewerbe, etwa § 43 Infektionsschutzgesetz oder die Gewährleistung der Lebensmittelsicherheit gemäß HACCP (dazu später mehr). Zudem müssen Sie wissen, was laut BGB in Ihre Allgemeinen Geschäftsbedingungen gehört und welche Hinweise laut TMG im Rahmen Ihres Onlineauftritts verpflichtend sind. Kaufmännisches Basiswissen ist ebenfalls essenziell, zumindest sollten Sie die Grundlagen der Kalkulation und des Steuerrechts beherrschen und entsprechende Tools nutzen. Auch diesbezüglich werde ich im Folgenden ausführlicher.

Hinzu kommen Rechtsnormen in Bezug auf Jugend-schutz, Brandschutz, Gesundheitsschutz, Arbeitsschutz, Datenschutz, Verbraucherschutz, Hygieneverordnun-gen, Ladenöffnungszeiten, Stellplatzverpflichtung, Preis-auszeichnung und Informationspflichten in puncto Kon-servierungsstoffe, Farbstoffe, Süßstoffe, Geschmacks-verstärker, Antioxidationsmittel, Phosphat, Schwefel, Chinin, Koffein, Eisensalze, Wachse, Gentechnik.

Na, habe ich zu viel versprochen? Falls Sie die fachli-che Eignung mitbringen, also über eine Ausbildung im Gastrogewerbe verfügen, sollten Ihnen die eben ge-nannten Aspekte bekannt sein. Lesen Sie das vorletzte Kapitel in diesem Booklet dennoch besonders gründlich und denken immer daran: IN UNSEREM BERUF LERNT MAN NIE AUS!

MEIN TIPP: Nutzen Sie die zahlreichen Angebote für Gründer*innen beim DEHOGA oder der IHK. Von Berlin bis Baden-Württemberg finden regelmäßig Semi-nare statt und ganz sicher auch in Ihrem Bundesland.

www.dehoga-akademie.de
www.dehogastartupbox.de
dehoga-berlin.de/beratung/existenzgruendung
ihk.de/berlin/service-und-beratung/existenzgruendung

CHECKLISTE

Sie persönlich sind verantwortlich für Ihre berufliche Zukunft. Da ist kein Chef mehr, der Ihnen sagt, was zu tun ist. Sie allein werden ab sofort Entscheidungen treffen, Verträge unterschreiben, Kooperationen eingehen, Verantwortung übernehmen. Es liegt also in Ihrer Hand, wie gut oder wie schlecht Ihr Gastrobetrieb läuft, weshalb Sie unbedingt über die folgend genannten Attribute verfügen sollten:

- Leidenschaft
- Gesundheit
- Belastbarkeit
- Risikobereitschaft
- Durchsetzungsvermögen
- Entscheidungsfähigkeit
- Ausstrahlung und Energie
- Kreativität
- Kontaktfreudigkeit
- Kraft und Ausdauer
- kaufmännisches Basiswissen
- Sachkenntnisse über Branche und Rechtsvorschriften
- Unterstützung durch Familie/Freunde
- finanzieller Background
- Enthusiasmus und Herzblut

Neben den genannten Softskills sind generell folgende Unterlagen/Nachweise für die Gründung Ihres Gastrobetriebs zwingend erforderlich:

- polizeiliches Führungszeugnis (Meldeamt)
- Auskunft aus dem Gewerbezentralregister
- Unbedenklichkeitsbescheinigung (Finanzamt)
- Pacht-/Kaufvertrag inklusive Grundbuchauszug
- Nachweis Ihrer fachlichen Eignung: abgeschlossene Ausbildung im Hotel- und Gaststättengewerbe oder Unterrichtung gemäß § 4 Gaststättengesetz
- Nachweis über Kenntnisse der Lebensmittelhygiene-Verordnung (LMHV)
- Grundrissplan und Erklärung zu den Räumlichkeiten
- Anmeldung bei gesetzlicher Unfallversicherung (Berufsgenossenschaft)
- Anmeldung für Gaststättengewerbe (Gewerbeamt)
- Gaststätten-/Schankerlaubnis bzw. Konzession
- Hygieneschulung + Nachweis
- Betriebshaftpflicht- und weitere Versicherungen

FINANZEN/RISIKEN

Ein Thema, das viele Gastronom*innen leider immer wieder unterschätzen. In unserer Branche bleibt nicht viel übrig, das sollte Ihnen von Anfang an klar sein. Der durchschnittliche Gewinn liegt in der Gastronomie zwischen 5 und 10 Prozent. Saisonale Schwankungen sowie zahlreiche äußere Faktoren beeinflussen die Umsätze direkt und massiv. Im Verdrängungsmarkt Gastronomie bestimmen Kundschaft und Konkurrenz den Preis. Kriege, Inflation, Klimakrise, Energiewende und Fachkräftemangel treiben die Kosten in die Höhe. Wie gesagt, es reicht nicht, ein paar Stühle in die Sonne zu stellen und auf Rückenwind zu hoffen.

Mehr als die Hälfte aller Neugründungen gehen im ersten Jahr schief. Nicht weil die Politiker doof und die Rahmenbedingungen schlecht sind. Nein! Die zwei Hauptgründe für Firmenpleiten sind: zu wenig Startkapital und zu wenig Ahnung.

Tatsächlich gehört beides unmittelbar zusammen. Denn je mehr Ahnung Sie haben, je besser Sie sich mit der Materie auskennen, desto effizienter können Sie wirtschaften, Preise kalkulieren, Umsätze generieren und Menschen davon überzeugen, Geld auszugeben. Seit Jahrhunderten ist das so und es wird wohl auch immer so sein. Die Gastronomie überlebte seit der Antike diverse Kriege, Wirtschaftskrisen, Naturkatastrophen, Pandemien. Unter widrigsten Umständen verkaufte eine gewisse Herta Heuwer im zerbombten Nachkriegsberlin anno 1949 *Brühwürste ohne Darm mit Chillup-Soße* am Stuttgarter Platz in Charlottenburg und ließ sich ihre Currywurst sogar patentieren. 2020 half ich in meiner Heimat Emsdetten dem Schnitzeltaxi auf die Beine und verdoppelte trotz Corona-Lockdowns bereits im ersten Jahr den Umsatz. Das Diekhus Hoff erfreut sich mittlerweile großer Beliebtheit.

Und was ich kann oder Herta Heuwer konnte, das können Sie auch. Wenn Sie sich an die Grundregeln unseres Geschäftes halten und jeden Tag konsequent alles dafür tun, liquide zu bleiben! Denn genau das ist Ihre oberste Pflicht als Unternehmer*in. Wie Ihnen das gelingt, erfahren Sie auf den folgenden Seiten. Nur tun müssen Sie es tatsächlich selbst. Mit der nötigen Konsequenz zum Lernen und der Entschlossenheit, lieber etwas falsch zu machen als auf Wunder zu hoffen.

WELCHE FEHLER SIND VERMEIDBAR?

Als Coach habe ich zahlreiche Gastrobetriebe unterstützt; darunter waren Discotheken, Restaurants, ein Café und diverse Szenekneipen. Und alle hatten eines gemeinsam: Bei der Investitionsplanung wurden zu viele Positionen schlichtweg vergessen, die Kosten zu niedrig und die Umsätze zu hoch kalkuliert. Zudem wurden Verträge mit zu langen Laufzeiten und schlechten Konditionen unterzeichnet. Naivität ist in der Anfangsphase quasi normal, aber sie kostet bisweilen unfassbar viel.

Bevor wir zur Finanzplanung kommen, gestatten Sie mir einige Hinweise zu typischen Anfängerfehlern, die definitiv vermeidbar sind.

#1: EUPHORIE

Viele Gründer*innen überschätzen sich selbst, vertrauen auf Kamerad Zufall und haben keinerlei Vorstellungen, wie teuer ihr Traum vom eigenen Gastrobetrieb wirklich ist. Nun will ich Ihnen die Euphorie nicht nehmen, aber die Erfahrung zeigt, dass es leider notwendig ist. Hier ein paar Zahlen: Die Eröffnung einer Bar kostet im Schnitt 40.000 Euro, eines Restaurants mindestens 100.000 Euro. Für einen Imbiss oder Foodtruck reicht ein Startkapital von etwa 20.000 Euro aus. Wer einen Kredit möchte, braucht neben einem korrekten Finanzplan etwa 20 bis 30 Prozent Eigenkapital. Wie viel Geld steht Ihnen zur Verfügung?

Die Umsätze variieren je nach Konzept und Standort. Ein Dönerladen kann pro Tag 800 Euro erwirtschaften, ein gutes Restaurant in bester Lage 5.000 Euro oder mehr. Die Gewinnspanne bleibt mit maximal 10 Prozent jedoch dieselbe. Ist Ihnen klar, wie viel Sie pro Tag verkaufen müssen, um alle Kosten zu decken? Wovon werden Sie zukünftig leben, Ihre private Miete zahlen?

Der größte Fehler, den Sie bitte vermeiden, ist die Selbstüberschätzung und naive Hoffnung, dass alles schon irgendwie gut gehen wird. Natürlich können Sie nicht alle Eventualitäten vorausplanen und keinesfalls sollten Sie pessimistisch in die Zukunft blicken. Wenn alles Mist wäre, würde sich niemand mehr selbständig machen und den Mut aufbringen, ein Unternehmen zu gründen. Aber die Rosabrille sollten Sie schon absetzen und auf jene Menschen hören, die Ihnen sagen, wie verdammt schwer aber auch verflucht schön unser Job ist.

#2: KAUFRAUSCH

Besonders bei der Anschaffung von Dekoartikeln und Verbrauchsmaterialien können sehr schnell ein paar tausend Euro zusammenkommen. Kaufen Sie also bitte nicht blind drauflos, nur weil es hübsch aussieht oder im Dutzend billiger ist. Den Fehler haben schon viele vor Ihnen gemacht, Sie müssen ihn also nicht wiederholen. Machen Sie sich im Vorfeld eine Liste, was Sie konkret brauchen und wie teuer jeder einzelne Posten ist – von der Glühbirne bis zum Salzstreuer.

#3: UNNÖTIGES CHICHI

Gerade am Anfang fällt es Gastronom*innen schwer, gute von schlechten Angeboten zu unterscheiden. Alle klingen toll, die Verkäufer schwärmen in den höchsten Tönen. Klar, das ist deren Job. Die Frage ist nur, ob Sie tatsächlich alles brauchen, was da so vollmundig ange-priesen wird. Gastronomieausstatter zum Beispiel verkaufen vor allem unerfahrenen Gründer*innen nicht selten ein völlig überteuertes Einrichtungskonzept. Sollte Ihr Budget es hergeben und Ihr Gastrobetrieb ein hochwertiges Innendesign erfordern, dann sollten Sie unbedingt den Profi ranlassen; wenn auch nicht zwangsläufig den erstbesten. Ist Ihr Finanzplan jedoch eher auf Kante genäht, schauen Sie bitte nach preiswerteren Alternativen. Die Kosten für Renovierung und Anschaffung werden teuer genug, halten Sie also bitte Ihr Geld zusammen!

#4: KOSTENFALLEN

Bei den Angeboten der Brauereien, Softgetränke- und Kaffeeanbieter ist ebenfalls ein kritischer Blick mehr als angebracht. Was nützt Ihnen der kostenlose Sonnenschirm im Freisitz oder die Gratis-Biergläser, wenn langfristige Verträge Ihnen das finanzielle Genick brechen? Dem Pacht- oder Mietvertrag gilt überdies ein ganz besonderes Augenmerk. Dieser Kostenfaktor sollte maximal 8 bis 12 Prozent vom jährlichen Nettoumsatz betragen. **Verhandeln Sie selbstbewusst!** Auch wenn Sie jung und unerfahren sind, müssen Sie keinesfalls zu allem Ja und Amen sagen. Beim aktuellen Leerstand in ländlichen Regionen und Innenstädten sind Sie in einer komfortablen Verhandlungsposition. Machen Sie dem potenziellen Verpächter/Vermieter klar, welchen Nutzen Ihr Gastrobetrieb sowohl der Immobilie als auch der Gemeinde bieten kann.

MEIN TIPP: Vergleichen Sie die Preise und informieren Sie sich im Detail über jedes Angebot, bevor Sie den Stift ansetzen und Verträge unterschreiben, aus denen Sie später nicht mehr herauskommen. Eine Nachfinanzierung ist äußerst schwierig und bei den Banken auch keinesfalls gern gesehen.

#5: KEIN PUFFER

Viele Start-ups stecken ihr komplettes Budget in die Eröffnung und haben keinen finanziellen Puffer für die Anlaufphase. Denken Sie an die äußeren Faktoren! Niemand hätte noch vor ein paar Jahren daran geglaubt, dass eine Pandemie oder ein Krieg in Europa die Welt aus den Fugen reißt. Auch persönliche Schicksalsschläge können unvorhergesehen dafür sorgen, dass Ihr Geschäft nicht optimal anläuft.

Halten Sie sich finanziell den Rücken frei und behalten Sie einen Teil Ihres Startkapitals in Reserve, sodass zumindest drei, besser sechs Monate auch ohne bemerkenswerte Umsätze überbrückt werden können.

WIE PLANE ICH RICHTIG?

Die Basis für einen soliden Start in Ihre berufliche Zukunft ist ein umfassend durchgerechneter **Finanzplan**, der sämtliche Kostenfaktoren, Investitionen sowie zu erwartende Umsätze beinhaltet und darüber hinaus mögliche äußere Einflüsse berücksichtigt. Ebenso wichtig ist **ein ausgereiftes Konzept fernab romantischer Vorstellungen**. Sie brauchen den passenden Standort, eine klar definierte Zielgruppe, ein präzises Angebot, eine konkrete Marketingstrategie sowie eine exakte Preis- und Produktkalkulation. Alles Wissenswerte darüber finden Sie in den nächsten Kapiteln. Bleiben wir zunächst bei Ihrem Finanzplan.

Wie teuer es konkret wird, Ihren Gastrobetrieb zu gründen und mit genügend Puffer die ersten Jahre am Laufen zu halten, hängt von der Art Ihres Unternehmens, vom Standort und Ihrem kaufmännischen Geschick ab, weshalb ich diese Frage nicht pauschal beantworten kann. Nur Sie können substanzielle Antworten geben. Setzen Sie sich mit den Preisen sämtlicher Anschaffungen auseinander, holen Sie Kostenvoranschläge ein und vertrauen Sie bitte niemals auf das Phi-mal-Daumen-Prinzip!

Das Ziel eines Finanzplans ist nicht nur die Berechnung Ihres Kapitelbedarfs bei der Gründung oder potenzielle Geldgeber zu überzeugen oder Ihren Businessplan zu vervollständigen. Eine detaillierte Übersicht Ihrer Ausgaben und Einnahmen schützt Sie vor bösen Überraschungen, Stress mit dem Finanzamt und hilft Ihnen, etwaige Schwächen aber auch Stärken Ihrer Geschäftsidee zu analysieren. Denn zur Selbständigkeit gehört eben auch, dass Sie allein für Ihre Finanzen geradestehen müssen.

Was gehört in einen Finanzplan?
- Kosten & Investitionen
- Umsatzprognose
- Kapitalbedarf-/Liquiditätsanalyse
- Rentabilitätsvorschau
- Risikoeinschätzung

Im Folgenden gebe ich Ihnen einen Überblick, was man im Detail unter diesen einzelnen Posten versteht und worauf Sie unbedingt achten sollten. In welcher Form Sie Ihre Planung durchführen, kann ich Ihnen nicht vorschreiben. Natürlich wäre es möglich, Ihnen Vorlagen für einen gewissen Aufpreis anzubieten, wie es andere Gastro-Coaches machen. Aber ganz ehrlich: Warum sollte ich Ihnen mit kopierten Musterplänen unnötig Geld aus der Tasche ziehen, wenn diese im Netz zum Teil kostenlos zur Verfügung stehen? Meine Aufgabe ist es, Sie zu motivieren, mit praxistauglichen Tipps zu begleiten und Ihnen aufzuzeigen, was in unserer Branche alles möglich ist.

MEIN TIPP: Nutzen Sie eines der zahlreichen Tools für Ihren Finanzplan. Die IHK bietet eine Excel-basierte Lösung an. Falls Ihnen das zu kompliziert ist, werden Sie beispielsweise bei www.unternehmerheld.de fündig. Auch www.lexware.de bietet Vorlagen zum Download. Und über die bundesweite Initiative für Existenzgründer*innen www.deutschland-startet.de erhalten Sie ebenfalls professionelle Unterstützung – von der Planung bis zum Fördercheck.

#1: KOSTEN & INVESTITIONEN

Wie die Bezeichnung vermuten lässt, werden hier sämtliche Kosten für Ihre Gründung, notwendige Anschaffungen, Renovierung, Warenbedarf und Personal aufgelistet. Unterscheiden Sie bitte IMMER zwischen Netto- und Bruttobeträgen, also mit und ohne Mehrwert- bzw. Umsatzsteuer. Auch das ist ein weitverbreiteter Fehler, den vor allem Gründer*innen machen, die aus einem Angestelltenverhältnis kommen. Gewöhnen Sie sich bitte an, IMMER in Nettobeträgen zu kalkulieren, denn nur dieses Geld steht Ihnen faktisch zur Verfügung.

Um den **Kapitalbedarf** richtig einschätzen zu können, tragen Sie zunächst alle einmaligen und wiederkehrenden Kosten zusammen. In einem zweiten Schritt brechen Sie diese Kosten auf monatliche Ausgaben herunter, das ist wichtig für eine mittel- und langfristige Finanzplanung, die im Rahmen Ihrer Existenzgründung erforderlich, aber auch darüber hinaus sinnvoll ist. Denn mit Blick auf Ihre oberste Pflicht als Unternehmer*in, nämlich liquide zu bleiben, sollten Sie jederzeit wissen, wie hoch Ihre Ausgaben sind. Der Planungshorizont umfasst kurzfristig die nächsten zwei Jahre, mittelfristig die nächsten fünf und langfristig zehn Jahre im Voraus. Und er ist nicht für die Schublade! Gestalten Sie Ihren Finanzplan von Anfang an so, dass Sie regelmäßig damit arbeiten können. Im Laufe der Zeit werden Sie vor dem Hintergrund individueller Erfahrungen Ihre Planung anpassen, umstellen und bestenfalls für Ihr Marketing nutzen, zu dem wir später noch kommen werden. An dieser Stelle vielleicht nur so viel: Wenn Sie rechtzeitig erkennen, dass bestimmte Waren zu teuer sind oder Teile Ihres Angebotes nicht mehr nachgefragt werden, können Sie Kostenfallen vermeiden und neue Strategien entwickeln, um weiterhin liquide zu bleiben.

Zurück zum Finanzplan: Notieren Sie ALLE Kosten vom Tresen bis zum Toilettenpapier, damit Ihnen bei der Kapitelbedarfsanalyse nichts durch die Lappen geht! Denn die brauchen Sie in jedem Fall für Ihren Businessplan. Im Folgenden habe ich die wichtigsten Kosten aufgeführt, wobei insbesondere Steuern und Wareneinsatz stets proportional zum prognostizierten Umsatz stehen.

Kostenbeispiele:
- Gründung (Gewerbeanmeldung, Konzession, Schulungen, Nachweise)
- Steuerberatung, Anwalt, Notar, Maklerprovision
- Kaufpreis + Abschlagszahlungen bei Übernahme
- Miete/Pacht inklusive Kaution
- Renovierung (Handwerkerleistungen, Equipment)

- Inventar (Möbel, Küchenausstattung, Freisitz etc.)
- Büro (Telefonanschluss, Technik, Kassensystem)
- Maschinen/Geräte (Küche, Kühlung, Kaffeeautomat)
- Wareneinsatz (Erstbestand, laufender Bedarf)
- Personal (inkl. Ausschreibung, Lohnnebenkosten)
- Marketing (Corporate Design, Website, Social Media)
- Versicherungen (Gewerbe, Gesundheit, Rente)
- Gebühren/Lizenzen (GEZ, GEMA, IHK)
- Steuern (Umsatz, Einkommen, Gewerbe)
- Verbrauchskosten (Strom, Wasser, Müll etc.)
- Reserve (lfd. Gesamtkosten für mind. drei Monate)

MEIN TIPP: Vergessen Sie bei der Finanzplanung nicht sich selbst. Abhängig von Ihrem Konzept decken Sie die **Kosten für Ihre private Lebensführung** über den Unternehmensgewinn beziehungsweise den **Unternehmerlohn** (bei Einzelunternehmen oder Personengesellschaften), da Sie sich kein Gehalt zahlen können. Was individuell für Ihren Gastrobetrieb infrage kommt, bestimmen Sie bitte im Vorfeld der Gründung. Leider wird das ebenfalls oft vergessen. Um auf der sicheren Seite zu sein, konsultieren Sie bitte einen Anwalt und suchen sich unbedingt eine Steuerberatung, die Ihnen eine monatliche **BWA** (Betriebswirtschaftliche Auswertung) erstellt und bei der **AfA** (Abschreibung für Anschaffungen respektive Absetzung für Abnutzung) hilft. Auch diese Kosten sollten definitiv in Ihrer Finanzplanung enthalten sein. Wer hier spart, spielt mit der eigenen Existenz!

#2: UMSATZPROGNOSE

Die Basis für ein solides Unternehmen ist also ein präzise durchgerechneter Finanzplan, der sämtliche Kostenfaktoren, Investitionen, etwaiges Eigen-/Fremdkapital sowie zukünftige Einnahmen enthält. Die Umsatzprognose stellt demnach einen zweiten Grundpfeiler Ihrer Liquiditätsanalyse und Rentabilitätsvorschau dar. Denn erst, wenn Sie wissen, wie hoch die zu erwartenden Ausgaben und Einnahmen sind, können Sie aus deren Differenz Ihren Kapitelbedarf ermitteln und objektiv einschätzen, ob sich Ihr Traum vom eigenen Geschäft tatsächlich realisieren lässt, ob Sie Fremdkapital benötigen oder es mit Eigenkapital schaffen.

Insbesondere Gründer*innen tun sich allerdings schwer, zukünftige Umsätze zu prognostizieren. Wer weiß schon, was morgen ist? Niemand kann in die Glaskugel schauen. Und doch ist es möglich. Alle seriösen Unternehmen planen ihre Umsätze für mehrere Jahre im Voraus, insofern ist das kein Teufelszeug, sondern schlichte Betriebswirtschaft.

Für Ihre Umsatzprognose berechnen Sie (ähnlich wie bei den Kosten) sowohl monatlich als auch jährlich aufsummiert mindestens für die ersten zwei Geschäftsjahre, besser noch für die nächsten drei, fünf und zehn Jahre. Eine lange Zeit, ich weiß. Und nein, **solche Progno-**

sen sind keine Augenwischerei, sondern absoluter Standard für alle Unternehmer*innen – auch und vor allem in der Gastronomie.

Gerade am Anfang ist es einfacher, auf Basis künftiger Tagesumsätze zu prognostizieren, statt den Absatz für jedes einzelne Gericht/Getränk aufzuschlüsseln. Sehen Sie die Umsatzplanung pro Produkt als *the next level*. In meinem Praxishandbuch GASTRONOMIE AM PULS DER ZEIT gehe ich detailliert darauf ein.

Beispiel für eine Umsatzplanung

Wert/Geschäftsjahr	2025	2026	2027	2028	2029	→
Öffnungstage pro Jahr						
Ø Gäste in-house/Tag						
Ø Gäste take-away/Tag						
Ø Gäste Events/Monat						
Ø Gäste gesamt/Jahr						
Tagesumsatz pro Gast						
Umsatz pro Event						
Speisenumsatz pro Tag						
Getränkeumsatz pro Tag						
Monatsumsatz gesamt						
Jahresumsatz in-house						
Jahresumsatz take-away						
Jahresumsatz Events						
Jahresumsatz gesamt						

Alle Angaben: Nettobeträge in EUR

Beachten Sie bei Ihrer Planung, dass nicht jeder Monat gleich gut läuft. Je nach Konzept kann der Sonntag mehr Umsatz bringen als der Mittwoch, der Sommer mehr als der Winter oder umgekehrt. Und gerade in der Startphase sollten **Verluste immer einkalkuliert** werden. Um richtig planen zu können, müssen Sie ein gut durchdachtes Konzept haben sowie Ihren Standort und Ihre Zielgruppe kennen. Erst dann sind Sie in der Lage, objektiv einzuschätzen, wie viel Speisen und Getränke pro Tag, Woche, Monat, Jahr verkauft werden können und was Sie dafür brauchen, beziehungsweise verkauft werden müssen, um Ihre Kosten zu decken. Sie sehen also, die Finanzplanung ist niemals losgelöst, sondern ein harmonisches Ineinandergreifen mit einem stimmigen Konzept als Ergebnis.

MEIN TIPP: Achten Sie bitte von Anfang an darauf, dass die eingenommene Mehrwertsteuer nicht Ihnen gehört und Sie Einkommenssteuer auf Ihre Gewinne zahlen müssen. Rechnen Sie also immer mit Netto-Beträgen und legen bitte jeden Monat einen festen Betrag zurück, dessen Höhe sich nach den prognostizierten Umsätzen und der daraus resultierenden Steuer richtet. **Prüfen Sie diesen Betrag regelmäßig, ob er sich mit Ihren realen Einnahmen deckt.**

Sobald Sie sämtliche Kosten, Ihre geplanten Investitionen, einen finanziellen Puffer und prognostizierten Umsätze schriftlich festgehalten haben, ist der zweite Meilenstein geschafft. Sie wissen jetzt, wie hoch Ihr **Kapitelbedarf** ist beziehungsweise wie viel Geld Sie tatsächlich brauchen. Die damit einhergehende **Liquiditätsanalyse** zeigt auf, ob Sie im Gründungsjahr und auch darüber hinaus (je nachdem, wie weit im Voraus Sie geplant haben) zahlungsfähig sind und bleiben. Für etwaige Geldgeber das Nonplusultra.

Falls Sie **Fremdkapital** in Betracht ziehen, also einen Kredit benötigen, sollten Sie besonders viel Wert auf eine reelle und vollständige Planung legen. Aber auch dann, wenn Sie Ihren Gastrobetrieb mit Eigenkapital gründen wollen, behalten Sie bitte stets alle Zahlen im Blick. Wie bereits erwähnt, empfiehlt es sich, ein entsprechendes Tool für Ihren Finanzplan zu nutzen, das Sie im Netz unter anderem bei der IHK finden. Und wenn Sie jetzt denken: Dieses Zahlenmonster kann ich allein nicht schaffen, dann sage ich Ihnen: Nichts wird so heiß gegessen, wie es serviert wird. Mit der Zeit wird sich eine gewisse Routine einstellen, solange Sie den Wert dieses Zahlenmonsters erkennen.

MEIN TIPP: Um das Risiko gering zu halten, fangen Sie mit wenig an und lassen Luft nach oben. Knallen Sie Ihre Speisekarte nicht gleich am Anfang randvoll, sondern beginnen mit einem übersichtlichen Angebot, das Sie sowohl in der Küche als auch in der Buchhaltung jederzeit im Griff haben.

#3: RENTABILITÄTSVORSCHAU

Auch dieses Wort klingt erst mal nach: „O mein Gott, ich schaff das nicht!" Doch, Sie können! Und falls Sie komplett auf Kriegsfuß mit Zahlen stehen, dann suchen Sie sich unbedingt Hilfe. Wie gesagt, eine Steuerberatung sollte definitiv fester Bestandteil Ihrer Unternehmerschaft sein. Allerdings empfehle ich Ihnen dennoch, sich selbst mit der Materie vertraut zu machen.

Eine Rentabilitätsvorschau ist nichts anderes als eine **Gewinn-/Verlustrechnung**. Sie ziehen die Kosten von den Einnahmen ab und erhalten den erwarteten Gewinn. Ist dieser im Plusbereich, könnte Ihr Traum Realität werden, wenn am Ende so viel übrigbleibt, dass Sie alle Steuern und Versicherungen zahlen, etwaige Kredite tilgen und ausreichend Unternehmerlohn haben, um davon leben zu können. Ist der Gewinn im Minus- beziehungsweise Verlustbereich, lohnt es nicht, an den Zahlen zu feilen, sondern am Konzept, dem wir uns im folgenden Kapitel widmen werden.

MEIN TIPP: Planen Sie mit Augenmaß und der nötigen Objektivität. Holen Sie sich so viel Unterstützung, wie sie kriegen können. Konstruktive Unterstützung!

Denn Schwarzmalerei bringt Sie nicht weiter. Und Schönfärberei kann zwar kurzfristig motivieren, wird Ihnen mittel- und langfristig aber nicht zum Erfolg verhelfen.

#4: Planungsfehler

Die kommen leider in den besten Firmen vor. Grund dafür ist ein unzureichend ausgearbeitetes Konzept und mangelnde Weitsicht. Denken Sie bitte stets auch an Morgen, an das große Ziel und wie Sie es umsetzen können!

Planen Sie beispielsweise zu Beginn nur eine kleine Küche, obwohl Ihr Konzept eigentlich etwas anderes vorsieht, müssten Sie später teuer umbauen oder gar den Standort wechseln, was Ihre hart umworbenen Stammgäste wenig freuen wird. Häufig zu klein gedacht oder komplett vergessen wird etwa der **Fettabscheider** oder die **Zu- und Abluftanlage** in Gastrobetrieben. Eine Nachrüstung ist aufwändig und teuer, zumal Sie Ihren Betrieb unterbrechen müssten, was Umsatzeinbußen nach sich zieht – sowohl für die Dauer der Baumaßnahme als auch generell. Denn Gäste, die einmal vor verschlossener Tür stehen, kommen meistens nicht wieder.

Auch die **Räumlichkeiten** werden oft falsch geplant, so fehlt es nicht selten an ausreichend Lagermöglichkeiten, getrennten Standorten für Abfälle, Pausenräumen, Personaltoiletten. Oder aber die Laufwege werden nicht richtig berechnet, was unnötig das Verletzungsrisiko erhöht und Arbeitsabläufe verkompliziert.

Ein weiteres Manko in Gastrokonzepten sind Fehlplanungen beim **Strom-/Wasser-/Abwasserbedarf**. Als Neu- oder Quereinsteiger*in können Sie nicht wissen, wie viel eine vollausgestattete Gastroküche im laufenden Betrieb verbraucht. Beziehen Sie konkrete Berechnungen in Ihre Planungsphase ein – nicht nur im Hinblick auf die Kosten. Es wäre fatal, wenn während der Eröffnung die Toilette überläuft, weil das Volumen des Abwasserrohrs zu klein ist, oder die Sicherung ständig kommt und Sie mit Ihren Gästen im Dunkeln sitzen, weil die Energielast zu hoch ist.

MEIN TIPP: Mit der sogenannten Energiekennzahl (KEI) lässt sich der durchschnittliche Stromverbrauch Ihres Gastrobetriebs schnell und einfach berechnen. Auf orderbird.com/blog finden Sie neben hilfreichen Gastrotipps auch eine Gleichung für die Berechnung Ihrer konkreten Energiekennzahl, mit der Sie wiederum gezielt nach günstigen Stromtarifen suchen können.

WIE VERMEIDE ICH RISIKEN?

Ich könnte Sie jetzt noch mit Ausschweifungen über Cash Flow oder Kontokorrentrahmen langweilen und aus diesem Booklet ein wissenschaftliches Pamphlet machen, nur würde Sie das keinen Meter weiterbringen.

Trotzdem ist es natürlich wichtig, den Realitäten ins Auge zu blicken – ohne Rosabrille. Deshalb sollten Sie von Beginn an auch stets etwaige Risiken identifizieren, um jederzeit handlungsfähig und damit liquide zu bleiben. Denn der größte Feind eines Unternehmenden ist Unwissenheit und die daraus resultierende Angst. Sie lähmt, führt zu Fehlern und letztlich unweigerlich in die Pleite. Lassen Sie es nicht so weit kommen, sondern sich darauf ein, mögliche Worst-Case-Szenarien durchzuspielen und auch zu akzeptieren.

Wenn Sie wissen, was Ihnen und Ihrem Traum vom eigenen Gastrobetrieb schlimmstenfalls passieren kann, gewähren Sie sich die Chance, konkrete Risiken zu minimieren und bestenfalls zu vermeiden. Haben Sie den Mut, sich selbst und anderen gegenüber Fehler oder Schwächen einzugestehen, aber ebenso ehrlich Ihre Stärken zu buchstabieren. Schauen Sie sich hierzu bitte noch einmal das erste Kapitel und die entsprechende Checkliste an. Finden Sie heraus, wer Sie sind – im Guten wie im Schlechten!

Und dann beginnen Sie mit der **Risikoanalyse**.

Viele Gastronom*innen antworten auf diese Frage mit: Wenn keine Gäste kommen. Ja, richtig. Aber was sind die Ursachen dafür? Die Leute haben einfach keine Ahnung, keinen Geschmack?

Als Unternehmer*in müssen Sie weiterdenken und verdammt ehrlich zu sich selbst sein: Liegt es an meinem schlecht kalkulierten Angebot, der falschen Zielgruppe, dem leichtfertig ausgesuchten Standort, der momentanen Marktsituation, an meinem unterbezahlten, mangelhaft geschulten Personal? Oder liegt es vielleicht an mir, meiner miesen Laune, meiner Unfähigkeit, Entscheidungen zu treffen, mein Handeln zu reflektieren, auf mich selbst aufzupassen, weil ich immer nur für andere da sein will?

Wenn Sie clever sind, beginnen Sie bereits vor der Gründung mit der Ursachenforschung. Denn haben sich Macken erst eingeschliffen, sind diese nur schwer zu eliminieren. Schauen wir uns gemeinsam an, was die **Hauptursachen für Unternehmenspleiten** sind:

- mangelhafte Kalkulation
- minderwertige Qualität
- fehlender Servicegedanke
- falsches Konzept
- unrealistische Vorstellungen
- ungenügende Investitionsbereitschaft

VON NICHTS KOMMT NICHTS. Das sollte Ihre Prämisse sein. Sie entscheiden tagtäglich darüber, wie gut oder schlecht Ihr Unternehmen läuft. Nicht die Regierung, nicht der liebe Gott. Sie allein!

Sollten Sie also bisher die Existenzgründung auf die leichte Schulter genommen haben, verabschieden Sie sich bitte direkt von Ihrer Idee, erfolgreich in der Gastronomie durchzustarten. Sind Sie hingegen interessiert und brennen für Ihren Traum, dann schauen wir uns jetzt gemeinsam an, was die Essentials unserer Branche sind und wie Sie Risiken vermeiden können.

#1: SUBSTANZ

Gerade jungen Gründer*innen rate ich immer wieder, dass sie das Rad nicht neu erfinden müssen. Neben diesem Booklet gibt es zahlreiche Bücher, Seminare, Workshops. Falls Sie komplett neu in der Branche sind, machen Sie ein Praktikum in der Gastro, bevor Sie überhaupt an eine Existenzgründung denken. Partizipieren Sie vom Wissen jener, die erfolgreich in der Branche tätig sind. Und nein, es reicht nicht, sich im Fernsehen Kochshows und Restauranttester anzusehen. Suchen Sie sich professionelle und vor allem reelle Unterstützung in Form eines Coachings, bei erfahrenen Gastronom*innen und Personen, die Ahnung von der Branche, von Betriebswirtschaft und Finanzwesen haben. Unterstützung finden Sie auch beim DEHOGA, der IHK und Start-up-Thinktanks. Lesen Sie gern auch, was GASTRO-GERDI geschrieben hat, die 2024 durch alle 16 Bundesländer reiste und mit jeder Menge Impulsen und Tipps zurückkam. Schaffen Sie sich Substanz an, Fachwissen, das unabdingbar für ein Überleben in der Gastronomie ist.

#2: AUFTRAG

Laut einer DIHK-Umfrage im Frühjahr 2025 bewerteten 60 Prozent aller Gastronom*innen ihre finanzielle Situation als problematisch. Vor allem jene, die bereits vor dem Krieg und auch vor der Pandemie keine Rücklagen hatten, werden von der Angst getrieben, alles zu verlieren. Doch Angst ist ein schlechter Kamerad. Ich kann Kolleg*innen verstehen, die keine Kraft mehr haben und hinschmeißen. Aber vor allem habe ich Respekt vor all jenen, die den Mut aufbringen, ihr Konzept zu überarbeiten, Preise anzupassen und sämtlichen Widrigkeiten zum Trotz sagen: Jetzt erst recht!

Die Gesellschaft braucht uns, weil wir Menschen zusammenbringen, weil wir Räume der Begegnung schaffen. Die Gastronomie ist nicht nur systemrelevant, sondern in kritischen Zeiten wie diesen quasi existenziell für das Überleben unserer Demokratie. Als Gastronom*in nehmen Sie bitte zukünftig den Auftrag an, mit Ihrem Unternehmen einen wertvollen Beitrag für den Zusammenhalt unserer Gemeinschaft zu leisten. Sie geben den Menschen da draußen das, was wir alle so schmerzlich vermissen: Aufmerksamkeit, Ruhe und Respekt.

#3: VORBEREITUNG

Falls Ihr Umfeld mit einem gewissen Naserümpfen auf Ihre Gründeridee reagiert, dann liegt das vermutlich an der hohen Zahl der jährlichen Insolvenzen – nicht erst seit Corona. Misserfolge sprechen sich schneller und nachhaltiger herum als Erfolge. Neben mangelndem Knowhow ist in den meisten Fällen das dünne bis sehr dünne Finanzpolster der Gründer*innen dafür verantwortlich, wenn das Geschäft schlecht läuft oder gar pleitegeht. Allzu oft geben sich angehende Gastronom*innen der naiven Hoffnung hin, dass die Einnahmen bereits in der Startphase die Kosten decken. Diese Hoffnung ist jedoch grob fahrlässig!

Fakt ist, dass Sie ohne ausreichend Eigenkapital einpacken können beziehungsweise gar nicht erst auspacken brauchen. Denn selbst für staatliche Förderprogramme oder private Finanzierungen bei der Bank benötigen Sie neben einem präzisen Finanzplan und einem überzeugenden Konzept in jedem Fall etwas zwischen Daumen und Zeigefinger. (Beachten Sie übrigens, dass Fördermittel VOR der Gründung beantragt werden müssen!) Gerade weil so viele Gastrobetriebe das erste Geschäftsjahr nicht überleben, haben Geldgeber kaum noch Vertrauen in unsere Branche – und die Insolvenzwelle wird derzeit nicht kleiner. Schminken Sie sich also ab, dass alle nur auf Sie und Ihre geniale Idee gewartet haben und Ihnen das Geld quasi in den Rachen werfen.

EINE FINANZIERUNG IST HART VERDIENTES GELD

Da kaum jemand sein Geschäft aus dem Stand allein finanzieren kann, ist hier eine fundierte Vorbereitung notwendig. Denn aussagekräftige Unterlagen und Bilanzen können Geldgeber durchaus überzeugen. Doch nicht nur das. Sie selbst sollten ganz genau im Blick haben, was konkret auf Sie zukommt, wie viel Geld Sie für Ihren Start, die Anlaufphase und laufende Kosten benötigen. Natürlich können Sie im Vorfeld nicht alles auf die letzte Kommastelle berechnen. Allerdings sollten Sie auch bei den Schätzungen so präzise wie möglich vorgehen. All das ist mit Aufwand verbunden, klar. Doch nur Scharlatane versprechen, dass eine Gründung einfach ist.

#4: KONZEPT

Ich habe Gastronom*innen erlebt, die ihren Urlaub besser planen als ihr Geschäft. Falls noch nicht geschehen, nehmen Sie bitte jetzt die Rosabrille ab und stellen sich den Realitäten! Die Gastro ist ein hart umkämpfter Verdrängungsmarkt, wo Kunden sowohl Preise als auch Konditionen bestimmen. In den folgenden Kapiteln gehe ich ausführlich darauf ein. Nur habe ich mir nicht die Mühe gemacht, damit Sie lieblos durch die Seiten blättern oder scrollen. Lassen Sie uns gemeinsam daran arbeiten, Ihr Konzept stimmig und in diesen dunklen Zeiten widerstandsfähig zu gestalten!

#5: QUALITÄT

Kommen wir auf die Restauranttester aus dem Fernsehen zurück. Böse Zungen könnten behaupten, dass die dort gezeigten Gastrobetriebe nur der Quote dienen und nicht die Wirklichkeit widerspiegeln. Nun, meiner Erfahrung nach schon. Selbst prominente Köche tauchen immer wieder in den Schlagzeilen auf, weil sie gegen Bauauflagen oder Hygienevorschriften verstoßen.

Wie wichtig ist Ihnen Qualität? Wie oft gehen Sie in ein Restaurant, eine Bar oder zum Imbiss und sind enttäuscht, weil Sie für Ihr hart verdientes Geld nicht das bekommen, was Sie erwartet haben? Oder andersherum gefragt: Wie oft konnten Kolleg*innen Sie rundherum zufriedenstellen?

Ab sofort entscheiden Sie darüber, ob Ihre Gäste enttäuscht oder zufrieden sind, ob sie wiederkommen oder woanders ihr Geld ausgeben. Sind Ihnen bauliche Mängel egal, halten Sie Hygienevorschriften nicht ein, wird Ihnen der Laden dichtgemacht. Wollen Sie billige Zutaten verwenden, am Personal sparen und empfinden Fortbildungen als Zeitverschwendung, verschenken Sie bitte dieses Buch.

WER NIEDRIGE ANSPRÜCHE HAT, DARF KEINE HOHEN ERWARTUNGEN HABEN.

#6: GEFAHREN

Zur Risikobewertung gehört die Gefahreneinschätzung und entsprechende Maßnahmen. Allzu oft vergessen Gründer*innen, sich ausreichend zu versichern. Was passiert mit Ihrem Unternehmen, wenn Sie einen Unfall haben oder krankheitsbedingt länger ausfallen? Läuft der Laden ohne Sie – gerade am Anfang?

Wie schützen Sie Ihre Mitarbeiter*innen? Was wissen Sie über Arbeits- und Brandschutz, über Erste Hilfe, was ist eine Rettungskette und deren korrekte Reihenfolge? Welche Hygieneregeln gelten in der Gastronomie, was bedeutet HACCP, welche Schulungen oder Zertifikate sind notwendig?

Machen Sie sich bewusst, dass niemand unsterblich ist und jederzeit etwas Unvorhergesehenes passieren kann. Und damit meine ich nicht zwangsläufig höhere Gewalten wie Kriege, Krisen, Klimakatastrophen oder Terroranschläge, auch wenn uns diese leider immer öfter betreffen. Ich spreche von den kleinen Dingen, die das Leben mit sich bringt. Schnittverletzungen in der Küche und kein Verbandskasten parat. Was, wenn ein Gast sich verschluckt oder einen Herzinfarkt erleidet und weder Sie noch Ihre Mitarbeiter*innen wissen, was zu tun ist?

ALS UNTERNEHMER*IN TRAGEN SIE VERANTWORTUNG FÜR SICH, FÜR IHR

PERSONAL UND IHRE KUNDSCHAFT.

#7: LEIDENSCHAFT

In unserer Branche ist die Leidenschaft tatsächlich das wichtigste Attribut. Alles andere kann man lernen. Wenn es ihr größter Wunsch ist, Menschen glücklich zu machen, werden Sie die Strapazen auf sich nehmen, sich durch staubtrockene Kalkulationen beißen, den Pessimisten in ihrem persönlichen Umfeld trotzen, Meinungen von Wichtigtuern ertragen und alles dafür tun, dass Ihr Traum in Erfüllung geht. Denn wer mit Herz bei der Sache ist, wird den Schweiß akzeptieren und die Steine aus dem Weg räumen, statt sich darüber zu beschweren. Ich hoffe sehr, dass Sie diese Leidenschaft in sich tragen, denn Menschen wie Sie braucht die Gastro.

✔ **FAZIT:** Ein korrekt geführter Finanzplan ist die Basis für Ihr unternehmerisches Überleben, ein Anker in stürmischen Zeiten, ein Kompass für die Zukunft. Er ist absolut notwendig für Ihr betriebsinternes Controlling sowie Entscheidungsfaktor für externe Partner (staatliche Förderer, private Investoren, Kreditgeber) und potenzielle Gäste.

IHRE VERLÄSSLICHKEIT IST ENTSCHEIDEND FÜR IHRE REPUTATION!

CHECKLISTE

- Wie hoch sind meine Lebenshaltungskosten?
- Wie viel Startkapital brauche ich?
- Wie hoch ist meine Reserve/mein finanzieller Puffer?
- Warum soll mir die Bank einen Kredit geben?
- Welche Förderprogramme kann ich nutzen?
- Wie hoch schätze ich meine monatlichen Kosten?
- Wie viel Umsatz muss ich pro Tag erwirtschaften?
- Mit welchen Risiken muss ich rechnen?
- Welche Versicherungen sind nötig?
- Habe ich alle Unterlagen/Nachweise?
- Welches Tool verwende ich für meinen Finanzplan?
- Für welche Steuerberatung entscheide ich mich?
- Welcher Anwalt prüft meinen Miet-/Pacht-/Kreditvertrag?
- Kann ich bei meiner Krankenkasse bleiben?
- Habe ich Krankentagegeld mitversichert?
- Wie schütze ich mich gegen die Folgen eines Unfalls?
- Wann besuche ich ein Gründungsseminar?
- Habe ich die Rosabrille noch auf?
- Welchen Wert haben meine Entscheidungen?

GASTROKONZEPT/BUSINESSPLAN

Immer wieder erlebe ich als Coach eine ähnlich fatale Situation, wenn es um das Konzept geht. Viele Gastronom*innen geben sich am Anfang durchaus Mühe, erstellen einen Businessplan, in dem ihre Geschäftsidee ausführlich beschrieben wird und mit Zahlen belegt ist. Und dann? Tja, dann verschwindet das hübsche Ding in der Schublade. Machen Sie das bitte nicht!

Ihr Konzept ist weit mehr als ein Must-have für die Existenzgründung. Es ist Ihr Fahrplan in die Zukunft, ein individueller Ideengeber, eine Bestandsaufnahme, das Rückgrat Ihres Unternehmens.

Zu dick aufgetragen? Na ja, wir werden sehen ...

Klären wir zunächst, ob Sie in drei Sätzen Ihre Geschäftsidee erklären können.

Wozu das wichtig ist?

Stellen Sie sich vor, Sie treffen zufällig eine Person, die Ihnen bei der Existenzgründung immens helfen könnte. Sie haben nichts dabei und nur ein paar Minuten Zeit, diese mutmaßlich wichtige Person von Ihrer Vision zu überzeugen und bestenfalls zu motivieren, Ihnen finanziell oder kooperativ unter die Arme zu greifen.

Was sagen Sie?

Hm, schwierig!?

Jetzt haben Sie die Chance, in Ruhe darüber nachzudenken, sich jedes Wort zu überlegen, das sowohl faktisch als auch emotional Überzeugungskraft haben muss. Nicht so einfach, oder?

In der Kürze liegt die Würze. Versetzen Sie sich in Ihr Gegenüber, das auf keinen Fall geduldig Ihrem Redeschwall lauschen wird. Jedenfalls nicht, solange er oder sie keinen Grund gefunden hat, Ihnen die nötige Aufmerksamkeit zu schenken. Formulieren Sie Ihre Ansprache präzise und charmant, sodass es eine Freude ist, Ihnen zuzuhören!

Was ist meine gastronomische Vision?

_____

_____

_____

_____

_____

Diese Kurzbeschreibung sollten Sie jederzeit spruchbereit haben, denn Chancen fallen keinesfalls vom Himmel. Und deshalb stelle ich Ihnen direkt zwei weitere Fragen, die darauf abzielen, warum Menschen ausgerechnet zu Ihnen kommen sollen und nicht ins Restaurant, in die Bar, zum Foodtruck um die Ecke. Die Antwort hat in erster Linie etwas mit Ihnen zu tun. Zu Beginn dieses Booklets sind wir dem bereits nachgegangen. Jetzt möchte ich, dass Sie Ihre Erkenntnisse hier zusammentragen und verifizieren.

Warum kann man sich auf Sie verlassen? Weshalb sollte man gerade Ihnen vertrauen? Womit können Sie begeistern? Warum macht es Spaß, mit Ihnen zu arbeiten?

Ein Konzept besteht aus mehr als Zahlen, Daten, Fakten. Denn die reichen nicht aus, um tatsächlich zu überzeugen. Als Gründer*in brauchen Sie ein Team, das mit Ihnen durch dick und dünn geht; am Anfang vor allem durch dünn. Und das in Zeiten des Fachkräftemangels!

Sie brauchen Verbündete, die für Ihre Idee brennen. Zuallererst Ihre Familie und Freunde, die im Zweifel gar nicht verstehen, warum Sie plötzlich Gastronom*in werden und ein beträchtliches Risiko eingehen wollen. Investoren, Geldgeber, Vertragspartner lassen sich nicht ausnahmslos von Qualität beeindrucken, die ist Standard. Fragen Sie sich:

Was habe ich darüber hinaus zu bieten?

_____

_____

_____

_____

_____

Warum sollte jemand bei Ihnen arbeiten, wenn er oder sie auch die Möglichkeit hat, in einem bereits renommierten Gastrobetrieb mehr Sicherheit, mehr Trinkgeld und gegebenenfalls auch einen höheren Stundenlohn zu bekommen? Und dann sind da auch noch Ihre potenziellen Gäste, die sich heute mindestens zweimal überlegen, wofür sie ihr Geld ausgeben.

Warum bei Ihnen? Was genau macht Ihr Angebot einzigartig? **Finden Sie eine knackige Beschreibung für den ideellen Mehrwert Ihres Gastrobetriebs!**

Worauf können sich meine Gäste freuen?

_____

_____

_____

_____

_____

Vermutlich wissen Sie längst, worauf ich hinauswill. Klar, Ihr USP, Ihr Alleinstellungsmerkmal. Nur ist es mir zu wenig, Sie pauschal danach zu fragen. Ihre potenziellen Gäste und Mitarbeitenden, Ihre Familie und Freunde sowie etwaige Finanziers und Kooperationspartner müssen die Gründe fühlen, warum sie Ihnen vertrauen sollen, weshalb es Ihr Anspruch sein sollte, ebendiese Gründe mit Herzblut füllen.

WAS STECKT DRIN?

Selbstverständlich sollten Sie Ihre Vision mit Zahlen, Daten, Fakten konkretisieren. Doch zunächst möchte ich, dass Sie verstehen, warum ein Gastrokonzept mehr ist als nur ein Businessplan und weshalb Sie es nicht für andere, sondern vornehmlich für sich selbst schreiben.

Wenn Sie es richtig anstellen, wird Sie Ihr Konzept nämlich im beruflichen Alltag begleiten und Ihnen tagtäglich bei Entscheidungen helfen. Quasi als Garant, dass Sie den Überblick behalten und jederzeit wissen, wo genau Sie stehen. Und dabei ist es völlig egal, ob Sie mit einem Imbisswagen durch Berlins City fahren, selbstgebackenen Kuchen im eigenen Kaffeehaus anbieten oder die Kneipe unten an der Ecke übernehmen.

Ich spreche oft mit Gastrogründer*innen, sie alle können sich vor Ideen kaum retten, notieren vielleicht die eine oder andere und finden sich irgendwann im Chaos der Zettelwirtschaft wieder. Erfahrungsgemäß reagiert auch das Umfeld nicht gerade mit Freudensprüngen, wenn sich jemand für eine Existenz in der Gastronomie entscheidet. Kennen Sie das? Ins Wirrwarr der Visionen schleicht sich meist ungefragt die kalte Hand der Realität. Fragen kommen auf: Schaffe ich das? Bin ich bereit oder lasse ich es lieber bleiben?

NAVIGATOR IM IDEEN-CHAOS

Wenn Sie Ihre Existenzgründung beispielsweise mit der Vorbereitung einer zweijährigen Expedition an den Amazonas vergleichen, was fällt Ihnen spontan ein? Genau! Niemand, der sich bewusst ins Risiko begibt, wird planlos drauflosstiefeln. Die Qualität der Vorbereitung könnte letztlich über Leben oder Tod entscheiden.

Nun ist die Gastrobranche vielleicht nicht ganz der Regenwald am Amazonas, doch Gefahren lauern auch hier – wenngleich in anderer Form.

Selbst wenn Sie kein Fremdkapital benötigen und nur ein ganz kleines Geschäft eröffnen möchten, sollten Sie unbedingt einen individuellen Businessplan erstellen und in jedem Fall gut aufheben, ohne dass er in irgendeiner Schublade verstaubt. Nach der Gründung machen Sie aus diesem Businessplan ein Gastrokonzept, das weiterhin Ihre Ziele und Visionen beinhaltet, aktualisierte Kosten- und Preiskalkulationen sowie sämtliche Maßnahmen für ein solides Marketing und eine ausreichende Risikoprävention.

In welcher Form Sie Ihren Businessplan respektive Ihr Gastrokonzept gestalten, bleibt Ihrer Arbeitsweise und Kreativität überlassen. Grundsätzlich sollte es nicht länger als zehn bis zwölf Seiten sein und die folgenden Punkte beinhalten:

- Geschäftsidee inkl. Sparte und Rechtsform
- Infos über Gründer*in (Softskills, USP)
- Beschreibung des Angebots inkl. Kundenmehrwert
- differenzierte Zielgruppenbeschreibung
- Ansprüche an Standort/Location
- Charakterisierung des Personalbedarfs
- Markt- und Wettbewerbsanalyse

- ausführlicher Marketingplan inkl. Kosten
- Darstellung der Ausgangssituation inkl. Finanzplan
- Meilensteine im ersten, zweiten, fünften Geschäfts-jahr inkl. Umsatzprognosen, Break-even-Analyse
- Zielsetzung und Strategien für mind. fünf Jahre
- Risikobewertung inkl. Maßnahmen zur Prävention

Im Folgenden werde ich auf einige dieser Punkte einge-hen, die übrigen behandeln wir in den nächsten Kapi-teln gesondert.

#1: GESCHÄFTSIDEE

Machen Sie sich bitte frei von dem Irrglauben, unbe-dingt mit einem absoluten Superknaller im Gastromarkt einschlagen zu müssen. Mittlerweile sind die Menschen in vielen Regionen Deutschlands nämlich froh, wenn überhaupt noch jemand bereit ist, in der Gastro zu gründen. Unabhängig von Art oder Umfang Ihrer Ge-schäftsidee bringen Sie Ihre konkreten Vorstellungen bitte substanziell zu Papier und entwickeln so aus einer schwammigen Vision ein reales Ziel. Was wollen Sie tun? Wie und wann wollen Sie Ihre Idee realisieren? Gibt es bereits konkrete Umsetzungsmaßnahmen? Beachten Sie bitte, dass in der Kürze die Würze liegt.

Mein Angebot:
_____

Mein Ziel:
_____

Mein USP:
_____

MEIN TIPP: Auch wenn Sie ein fantasievoller Mensch sind, beschreiben Sie nicht die gesamte Bandbreite Ihrer Ideen, sondern Ihr konkretes Vorhaben inklusive USP und Mehrwert.

#2: GRÜNDER*IN

Vor allem anderen stehen natürlich Sie. Denn Ihre Qualifikationen und persönlichen Features sind die Quelle Ihres Schaffens und der Garant für Ihren Erfolg. Natürlich gehören in diesem Zusammenhang auch die Gründe dazu, warum Sie ausgerechnet in der Gastronomie durchstarten wollen. Außerdem sollten Sie dokumentieren, welche Branchenkenntnisse und kaufmännischen Fähigkeiten Sie mitbringen und was genau Ihre Stärken sind.

Auch wenn ausufernde Begeisterung bisweilen Berge versetzen kann, so ist es doch in unserer schnelllebigen Zeit vielmehr die Essenz im großen Fass der Vielfalt, welche überzeugt. Sollten Sie Ihr Alleinstellungsmerkmal noch nicht formuliert haben, dann ist es spätestens jetzt höchste Zeit herauszufinden, womit Sie aus der grauen Masse des Wettbewerbs herausstechen wollen. Formulieren sie kurz und präzise Ihre Stärken und warum diese von Ihren potenziellen Gästen nachgefragt wird.

Meine Stärken:

Meine Qualifikation:

Mein Mehrwert:

#3: MARKT/WETTBEWERB

Stichwort Amazonas-Tripp. Wenn Sie verreisen, machen Sie sich mit Land und Leuten vertraut. Bei der Existenzgründung sollte es ähnlich sein. Machen Sie sich mit dem Markt vertraut, in dem Sie zukünftig Geld verdienen wollen. Eine ausführliche Beschreibung der aktuellen Marktsituation finden Sie übrigens in meinem Praxishandbuch GASTRONOMIE AM PULS DER ZEIT.

- Schätzen Sie anhand von Statistiken Ihre ganz persönliche Marktchance ein.
- Schauen Sie sich um, machen Sie sich mit dem Wettbewerb vertraut und nutzen ihn als Ansporn.
- Vergleichen Sie Qualität und Preise, verbringen Sie Zeit in einem Gastrobetrieb, der Ihrem gleichkommt.
- Beobachten Sie, lernen Sie und ergänzen Ihre Erkenntnisse mit Zahlen, Daten, Fakten (z.B. Statistisches Bundesamt, Branchenverbände, Google-Maps).

Meine Marktchance:

Mein Marktrisiko:

Mein Wettbewerbsvorteil:

#4: MEILENSTEINE

Wo sehen Sie sich in einem Jahr, in zwei Jahren, in zehn? Formulierungen wie „dann bin ich erfolgreich" oder „vielleicht habe ich es dann schon geschafft" helfen Ihnen definitiv nicht weiter. Wer kein klar definiertes Ziel hat, kann noch so schnell laufen, er wird nicht ankommen. Formulieren Sie einzelne Projektphasen als Etappenziele (Meilensteine) auf Basis Ihrer Geschäftsidee in einem jeweils konkreten Zeitrahmen nach beispielsweise folgenden Fragen:

- Wann erwarte ich die ersten Gewinne?
- Um wie viel Prozent sollen diese gesteigert werden?
- Welche Investitionen plane ich mittelfristig?
- Was möchte ich in drei, fünf, zehn Jahren erreichen?

Meilenstein 1: _____

Meilenstein 2: _____

Meilenstein 3: _____

#5: CHANCEN/RISIKEN

Nicht nur für Geldgeber ist eine objektive Chancen-Risiko-Bewertung Ihres Unternehmens das berühmte Sahnehäubchen. Sie selbst sollten sich eingehend damit auseinandersetzen, welche Chancen aber auch Risiken die Branche für Sie bereithält. Zeigen Sie solides Verantwortungsbewusstsein und reden Sie niemals alles schön. Die aktive Akzeptanz eines möglichen Worst-

Case-Szenarios nimmt Ihnen die Angst. Schätzen Sie Ihre Situation und Zukunft realistisch ein, beschreiben Sie drei Faktoren, die sich positiv auf Ihr Geschäft auswirken können, und parallel dazu drei negative Einflussmöglichkeiten. Selbstverständlich sollten Sie auch hier nicht nach Ihrem Bauchgefühl gehen, sondern Ihre Argumentation mit Zahlen, Daten und Fakten belegen.

Best-Case:

1. _____

2. _____

3. _____

Worst-Case:

1. _____

2. _____

3. _____

#6: UNTERLAGEN

Egal, ob Sie potenzielle Geldgeber überzeugen müssen oder nicht, fügen Sie alle betrieblichen Unterlagen (analog und digital) zu Ihrem Gastrokonzept/Businessplan; so haben Sie stets das Wichtigste beisammen. Als kleine Anregung zähle ich im Folgenden die wichtigsten Unterlagen auf.

- Vita + Zeugnisse/Nachweise
- Gewerbeanmeldung
- Konzession/Schankerlaubnis
- Steueranmeldung
- Miet-/Pachtvertrag
- Leasingverträge
- Förder-/Kreditantrag
- Marktanalysen
- Branchenkennzahlen
- Finanzierungsplan
- Marketingplan

WO IST MEIN STANDORT?

Haben Sie schon die passende Location gefunden oder suchen Sie noch?

So oder so mal Hand aufs Herz: Wie viel Zeit und Mühe haben Sie bisher in die Analyse Ihres Standortes investiert? Na ja ...? Das reicht nicht! Die Standortwahl ist maßgeblich für Ihren unternehmerischen Erfolg, weshalb Sie keinesfalls das erstbeste Angebot in Betracht ziehen sollten. Gründen Sie in Form einer Betriebsübernahme, steht die Location fest, aber auch dann sollten Sie Ihren Standort genau unter die Lupe nehmen und Ihr Konzept entsprechend anpassen.

MEIN TIPP: Die IHK bietet Standortportale, die Ihnen bei der Suche und Analyse helfen. Entscheiden Sie niemals leichtfertig, sondern prüfen bitte genau, bevor Sie sich für die nächsten Jahre oder Jahrzehnte an einen Standort binden.

Was ist wichtig, worauf sollten Sie unbedingt achten?! Beginnen wir mit den äußeren Bedingungen.

#1: ES MUSS EINFACH PASSEN

Das klingt vielleicht banal, aber das Karma respektive Bauchgefühl muss stimmen. In erster Linie müssen SIE sich wohlfühlen, denn diese Location wird bestenfalls für lange Zeit Ihr zweites Zuhause sein.

Zudem sollte der Standort zu Ihrem Konzept und dementsprechend zu Ihrem Angebot und zur Zielgruppe passen. Bestimmte Konstellationen könnten sich nämlich als äußerst schwierig erweisen. Beispielsweise ein Familienlokal an einer Autobahn, ein Veggie-Restaurant neben einem Schweinestall, ein Heavy-Metal-Club neben einem Seniorenheim.

Prüfen Sie deshalb Ihre Umgebung genau, nicht nur im Netz, sondern direkt vor Ort. Bekommen Sie ein Gefühl für die Menschen und deren Bedürfnisse. Wie hoch sind die Mieten, wie viel wird hier durchschnittlich verdient? Welche Speisen und Getränke bevorzugen die Bewohner dieses Stadtteils oder dieser Region?

Ob gebürtig oder zugereist, informieren Sie sich vor der Unterzeichnung des Miet-/Pachtvertrags über die jeweilige Bevölkerungsstruktur respektive Zielgruppe. Dafür eignen sich Kommunalprofile, die Sie unter eben-diesem Suchwort im Internet für nahezu jede Stadt und Gemeinde finden.

#2: ERREICHBARKEIT

Vor allem in Großstädten verzichten die Menschen im-mer häufiger auf das eigene Auto. Je nach Zielgruppe und Region kommen Ihre potenziellen Gäste möglich-erweise mit dem Rad oder ÖPNV. Achten Sie also da-rauf, ob sich vor Ihrem Lokal Fahrradständer befinden oder diese installiert werden dürfen. Wie weit ist die nächste Haltestelle entfernt? Wie oft und bis wann fährt der Bus oder die Bahn?

Ist Ihr Gastrokonzept eher klassisch-konservativ aus-gerichtet, sprechen Sie womöglich eine ältere Zielgrup-pe an, die weniger mobil ist. Entsprechend sollten sich in unmittelbarer Nähe frei verfügbare Parkplätze befin-den. Achten Sie auf Barrierefreiheit – für kleine Gäste und jene mit körperlichen Einschränkungen.

#3: IMAGE/ZUKUNFT

Denken Sie immer unbedingt an Morgen. Informieren Sie sich im Bezirksamt, in der Stadt- oder Gemeinde-verwaltung, ob an Ihrem Standort größere Bauvorhaben geplant sind, die Ihnen entweder in die Quere oder aber gelegen kommen könnten. Wenn Sie beispielsweise einen Workspace im Grünen oder ein ruhiges Lesecafé planen, wird Ihnen die neue Fernverkehrsstraße die Gäste vergraulen. Andererseits könnte auch genau das Gegenteil der Fall sein, wenn Ihr Standort derzeit nur schlecht erreichbar ist.

Generell sollten Sie herausfinden, wie sich das Stadtviertel oder die jeweilige Region in den vergangenen dreißig Jahren entwickelt hat und was für die Zukunft geplant ist. Vielleicht wollen Sie auch selbst einen Beitrag zur Veränderung leisten, möglich ist das allemal. GASTRO GERDI hat bei ihrer Reise durch alle 16 Bundesländer einige Innovationsperlen aufgespürt, etwa einen alten Bahnhof, der in einer Art Wintermärchen im ersten Corona-Lockdown aus dem Schlaf erweckt wurde.

#4: MARKT- UND WETTBEWERBSSITUATION

Wie viele Gastrobetriebe gibt es in der unmittelbaren Nähe, die Ihrem Konzept entsprechen? Ist der Standort überhaupt gastronomisch erschlossen? Wie hoch ist die Auslastung, die Nachfrage? Brauchen Sie Laufkundschaft oder bieten Sie Highlights, für die Ihre potenziellen Gäste einen längeren Weg in Kauf nehmen werden? Bestehen möglicherweise bereits Interessengemeinschaften, von denen Sie partizipieren könnten? Passt Ihr Konzept zu den vorhandenen Standortbedingungen?

Schauen Sie bitte kritisch in alle Ecken. Gäste besuchen keine Luftschlösser, sondern reale Orte, wo sie sich wohl und willkommen fühlen. Holen Sie sich Hilfe, jemanden vom Fach, und begutachten objektiv die Location mit folgenden Fragen:

- Fühle ich mich wohl?
- Wie hoch ist der Lärmpegel draußen?
- Sind die Räumlichkeiten ansprechend?
- Welche Qualität haben Strom-/Wasserinstallationen?
- In welchem Zustand sind die Toiletten?
- Wie modern ist die Heizung?
- Wie bruchsicher sind Fenster und Türen?
- Passen meine Vorstellungen zum Vorhandenen?
- Riecht es modrig oder nach Schimmel?

Lassen Sie sich vom Makler nicht bequatschen und hören Sie ausnahmsweise auf Ihren Bauch! Derzeit stehen viel zu viele Gastrobetriebe leer, die Innenstädte verwahrlosen, insofern haben Sie quasi die freie Wahl und durchaus beste Chancen, den perfekten Standort für sich zu finden.

#5: BETRIEBLICHE EIGNUNG

Zur objektiven Standortanalyse gehört auch, ob die Location tatsächlich für Ihr Konzept und eine betriebliche respektive gastronomische Nutzung geeignet ist. Kann der Makler oder die Maklerin nicht alle Fragen spontan beantworten, verlangen Sie einen zweiten Termin.

Folgende Fragen sollten Sie unbedingt klären, bevor Sie sich vertraglich binden:

- Wie stark oder schwach frequentiert ist die Gegend?
- Gibt es eine bestehende Sondernutzung für den Freisitz beziehungsweise die Außengastronomie?
- Können Waren ungehindert angeliefert werden?
- Ist der Eingangsbereich attraktiv und gut sichtbar für Laufkundschaft?
- Bietet die Fassade eine Möglichkeit, Werbung anzubringen?
- Sind Nebenräume für Lager, Büro und Personal vorhanden?
- Wie stabil ist der Internetempfang?
- Sind Umbaumaßnahmen erforderlich (Fluchtwege, Windfang, Lüftung, Fettabscheider, Barrierefreiheit)?
- Finden sich Spuren von Schädlingsbefall?

#6: KOSTEN/KONDITIONEN

Ein starkes Konzept gibt Selbstsicherheit. Machen Sie sich Ihren Wert bewusst und verhandeln Sie! In einigen Gegenden Deutschlands werben Kommunen mit Preisnachlässen oder gar Mietfreiheit, um dem Leerstand entgegenzuwirken. Informieren Sie sich und nutzen die Chance der Stunde! Die folgenden Fragen könnten dabei hilfreich sein:

- Wie lange läuft der Miet-/Pachtvertrag?
- Entspricht die Miete/Pacht den ortsüblichen Preisen?
- Wie sind die Kündigungsfristen geregelt?

- Gibt es Sonderklauseln?
- Wie hoch sind die Nebenkosten?
- Ist eine Staffelmiete vorgesehen?
- Muss ich eine Kaution oder Ablösesumme zahlen?
- Passt der Aufwand (Renovierung/Umbau) zu meinem Budget?

Vergleichen Sie mehrere Standorte und prüfen (bestenfalls mit fachlicher Beratung) sämtliche Konditionen. Erst wenn alle Fakten geklärt, die Bedingungen optimal sind und Ihr Bauchgefühl ja sagt, sollten Sie den Miet-/Pachtvertrag unterzeichnen.

WAS IST MEIN WETTBEWERBSVORTEIL?

„Die Klage über die Stärke des Wettbewerbs ist in Wirklichkeit meist nur eine Klage über einen Mangel an Einfällen", soll der deutsche Industrielle und Schriftsteller Walter Rathenau gesagt haben. Und das ist keinesfalls Schnee von gestern. Nur wer leidenschaftlich, kundenorientiert und qualitativ hochwertig seinen Gästen etwas bietet, darf ein volles Haus und gute Umsätze erwarten. Doch nicht selten geht dieses Credo im gastronomischen Alltag verloren.

Falls Sie Ihr Alleinstellungsmerkmal bereits gefunden haben, sind Sie vielen Gastronom*innen ein großes Stück voraus. Die wenigsten machen sich tatsächlich Gedanken darüber, wie und was sie anbieten können, um sich von der Konkurrenz zu unterscheiden. Und wenn, vergessen sie dabei meistens, dass dieses einzigartige Nutzungsversprechen gegenüber der Kundschaft nicht allein auf Speisen und Getränke beschränkt sein sollte. Der heutige Gast sucht neben gutem Essen und Trinken vor allem das Erlebnis in Form von Geschmack, Genuss, Begegnung, Ruhe oder Entertainment. Essen und trinken kann er oder sie schließlich auch zu Hause ... oder woanders.

Gerade in Großstädten ist der Markt heiß umkämpft. Der Wettbewerb wird zunehmend härter. In Bezug auf die Gastrobranche sprechen Ökonomen vom sogenannten Verdrängungsmarkt. Zu viele Wirte teilen sich eine stetig verändernde und zunehmend anspruchsvollere Kundschaft. Auch wenn 2024 die Insolvenzwelle in der Gastro noch einmal um 30 Prozent gestiegen ist, bleibt der Wettbewerb hoch.

Gastronom*innen in Berlin, Hamburg, München, Leipzig, Köln oder Rostock wissen: Das Angebot ist ausgewogen und vielfältig, die Nachfrage launisch und saisonal schwankend. Das ist sie in vielen anderen Branchen aber auch. Selbstverständlich bedarf es am Berliner Kreuzberg, in Münchens City oder aber am Ufer der Ostsee ein größeres Quäntchen Mut, Kreativität und Durchhaltevermögen. Doch das Geheimnis ist letztlich an jedem Ort der Welt dasselbe: IHR ANGEBOT MUSS ZUM MARKT PASSEN.

Möchten Sie beispielsweise ein veganes Restaurant eröffnen, dann prüfen Sie zunächst, ob es im Umkreis Ihres favorisierten Standorts bereits ähnliche Lokalitäten gibt. Zwar heißt es, Konkurrenz belebt das Geschäft, doch sollten Sie sich vorher im Klaren darüber sein, ob Ihr Konzept tatsächlich so originell und hochwertig ist, dass es dem Wettbewerb standhalten kann. Stellen Sie konkreter heraus, worin sich Ihr Angebot von den anderen veganen Restaurants in der Straße unterscheidet. Finden Sie eine Marktnische, die perfekt zu Ihnen und Ihrem Umfeld passt!

DIE MARKTANALYSE IST BESTANDTEIL EINES SOLIDEN GASTROKONZEPTS

Nicht nur Gründer*innen sollten sich für das branchenspezifische Umfeld interessieren. Die systematische Marktanalyse ist ein stetiger Prozess, weil das Leben nun mal nicht stillsteht. Bedürfnisse verändern sich, Standortbedingungen ebenfalls. Was gestern noch angesagt war, ist morgen vielleicht schon veraltet, kann übermorgen wieder zum Trend werden und so weiter. Bei der Marktanalyse geht es grundsätzlich um Informationsbeschaffung. Eine seriöse Quelle ist beispielsweise das Statistische Bundesamt oder auch der DEHOGA und die IHK. Sammeln Sie regelmäßig Zahlen, Daten, Fakten, die Sie nicht unbedingt aufwändig in Excel-Tabellen festhalten müssen. Vielmehr geht es darum, am Puls der Zeit zu bleiben und ein Gespür für aktuelle Trends zu entwickeln.

Gehen Sie vor die Tür, schauen Sie sich um, reden Sie mit Leuten. Im Mittelpunkt unseres Geschäfts stehen Bedürfnisse. Wonach sehnen sich die Menschen, welche Atmosphäre, welche Speisen und Getränke bevorzugen sie, was ist ihnen wichtig, wofür geben sie Geld aus?

Mit dieser Frage im Kopf schauen Sie sich das Angebot der Konkurrenz an und überprüfen Ihr eigenes. Nur wenn Sie sämtliche Einflussfaktoren kennen, ergibt sich ein klares Bild über die tatsächlichen Zusammenhänge von Angebot und Nachfrage im Kontext Ihres Gastrobetriebs oder Ihrer Geschäftsidee. Und erst dann lassen sich Entscheidungen in Bezug auf Zielgruppe, Produktpräsentation und Preisgestaltung treffen.

Entwerfen Sie für sich eine individuelle **Strategie zur Markt- und Wettbewerbsanalyse** mithilfe der folgenden Fragen:

- Wie steht es um die Gastronomie im Allgemeinen?
- Was sind die aktuellen Trends?
- Wonach sehnen sich die Menschen?
- Durchschnittsverdienst/Preise an meinem Standort?
- Wer sind meine unmittelbaren Wettbewerber?
- Welche Stärken/Schwächen hat die Konkurrenz?
- Wie präsentieren sich Gastrobetriebe mit einem ähnlichen Konzept? Sind sie damit erfolgreich?

- Wie zufrieden sind die Gäste, wie aufmerksam ist das Personal?
- Wie gestalten andere Gastronom*innen Werbung?
- Was sind die Eyecatcher vor Ort und im Netz?
- Was kann ich übernehmen?
- Was kann ich besser?

MEIN TIPP: Beobachten Sie den Wettbewerb, prüfen Sie selbstkritisch, werden Sie innovativ und offen für Neues! Spionieren Sie bei der Konkurrenz als Inkognito-Gast, vergleichen Sie Qualität und Preise. Und fragen Sie sich nicht nur während der Gründung, sondern auch noch in zehn Jahren:

Worin besteht mein Wettbewerbsvorteil?

_____

_____

_____

_____

_____

CHECKLISTE

- Wie gesättigt ist der Markt für meine Geschäftsidee?
- Wie groß ist das Potenzial des Marktes (Zukunftsaussichten)?
- Sind Veränderungen/Trends am Markt erkennbar?
- Wie sind die Rahmenbedingungen (z.B. neue Gesetze, Trends etc.)?
- Welche Umstände können mein Projekt (positiv/negativ) beeinflussen?
- Welche Mitbewerber gibt es im direkten Umfeld?
- Wie hoch sind die Preise der Konkurrenz?
- Was macht mein Angebot einzigartig (USP)?
- Wie sind die Standortbedingungen (Parkplätze, ÖPNV, Image, soziale, demografische Faktoren)?
- Wie lief das Geschäft beim Vorbesitzer?
- Welche Bedürfnisse/Ansprüche haben meine potenziellen Gäste?
- Passt mein Angebot zum Standort und Wettbewerb?
- Welche Risiken/Chancen sehe ich in den nächsten drei Jahren?

ZIELGRUPPE/ANGEBOT

Nicht nur der Gastromarkt im Allgemeinen, sondern insbesondere die Gäste haben sich in den letzten Jahren immens verändert. Sie sind anspruchsvoller geworden, kritischer und fordern Qualität, Ausgewogenheit und nicht zuletzt gesunde Produkte aus nachhaltigem, umweltverträglichem Anbau. Das klingt anstrengend, eröffnet aber gleichzeitig neue Räume für individuelle Bedürfnisse und entsprechende Nischenangebote, woraus sich wiederum konkrete Alleinstellungsmerkmale ableiten lassen. **Erfolgreiche Gastronom*innen finden in der Vielfalt das Einzigartige.** Leider gibt es davon noch zu wenige. Viele hingegen machen immer noch einen entscheidenden Fehler: Sie handeln nach dem Spaghetti-Prinzip und wollen möglichst alle mit Ihrem Angebot ansprechen. Aber Menschen haben unterschiedliche Geschmäcker, Ansprüche und Interessen. Nicht jedem muss Ihre Speiseauswahl, die Dekoration, die Location oder die Art der Präsentation gefallen. Bieten Sie beispielsweise das größte Steak der Stadt, werden Sie damit keine Vegetarier/Veganer überzeugen. Müssen Sie auch nicht. **Verabschieden Sie sich von dem Gedanken, es allen und jedem rechtmachen zu wollen, denn damit werden Sie scheitern.**

WAS WOLLEN MEINE GÄSTE?

Wenn Sie Ihren Gastrobetrieb erfolgreich eröffnen und nachhaltig führen wollen, müssen Sie wissen, wer zu Ihnen passt und was diese Personengruppe ausmacht. Sie bestimmen mit Ihrem Angebot, Ihrer Präsentation, wer zu Ihnen kommt. Überlegen Sie deshalb ganz genau, wen Sie wie ansprechen.

Um das herauszufinden, **erstellen Sie eine Mini-Biografie für Ihren idealen Gast mit Alter, Einkommen, Ansprüchen, Wünschen, Interessen, Vorlieben**. Das mag zunächst aufwändig sein, ist aber Teil eines gezielten Marketings.

Ein Beispiel: Wenn Sie ein High-End-Restaurant mit exklusiver Atmosphäre, exzellentem Service und hochwertiger Küche eröffnen wollen, sind naturgemäß die Kosten weitaus höher als bei einem Imbiss. Aber auch die Klientel ist eine andere. Sowohl Einkommen als auch Ansprüche dieser Zielgruppe sind deutlich höher. ABER solche Gäste sind auch bereit, für Exklusivität und Qualität einen angemessenen Preis zu zahlen. Wer hingegen in einen Imbiss geht, erwartet keine Sterne-Küche, sondern preiswertes und schnelles Essen. Natürlich kann man auch Fastfood mit Champagner servieren wie im Berliner Adlon. Aber das gelingt nur, wenn Sie Menschen finden, denen es egal ist, dass die Currywurst 26 Euro und ein Döner 37 Euro kostet.

Jede Zielgruppe bringt unterschiedliche Ansprüche und Voraussetzungen mit, wünscht sich ein anderes Ambiente, einen anderen Service, eine andere Speisenauswahl. Selbst die Öffnungszeiten sollten auf die jeweilige Zielgruppe abgestimmt sein. Bieten Sie also nicht von Schnitzel bis Carpaccio, von Bier bis Champagner, vom Kindereisbecher bis zum Parfait alles an, sondern SPEZIALISIEREN SIE SICH auf das, was Sie wirklich gut können und was Ihre Zielgruppe braucht.

Wie soll Ihr Gastrobetrieb ausgerichtet sein? Für welche Personengruppe möchten Sie am liebsten arbeiten? Ist es beispielsweise die Gruppe ...

- TWENS: 20- bis 30-Jährige, die offen für Neues sowie für jeden Spaß zu haben sind?
- TRENDS: selbstbewusste Kunden, die gern ausgefallene Speisen und Getränke probieren.
- BUSINESS: Angestellte/Freiberufler, die einen praktischen Arbeitsplatz brauchen, mittags schnell und ausgewogen satt werden oder das Geschäftsessen am Abend stilvoll aber ungestört genießen möchten?
- FAMILY: Familien/Alleinerziehende, die Geselligkeit lieben sowie großen Wert legen auf eine nervenstarke Bedienung, gesundes Essen und ein kindgerechtes Umfeld?
- OLDIES: konservative, ältere Gäste, die eine traditionelle Küche, kleine Portionen und die Gemütlichkeit schätzen?

- SZENE: Gruppierungen, die einen bestimmte Musik- oder Kunststil bevorzugen?

MEIN TIPP: Je konkreter Sie Ihre Zielgruppe fassen, desto erfolgreicher wird Ihr Marketing sein. Nehmen Sie sich also bitte jetzt die Zeit und schreiben Sie auf, wer und warum am besten zu Ihnen passt!

Was zeichnet meine Zielgruppe aus?

_____

_____

_____

_____

_____

WAS HABE ICH ZU BIETEN?

Nachdem Sie nun wissen, für wen Sie arbeiten wollen, prüfen Sie ehrlich und faktisch, ob diese Zielgruppe tatsächlich zu Ihrer Persönlichkeit, Ihren Leistungsmerkmalen und Ihrem USP passt.

Ich weiß, objektive Selbsteinschätzungen sind gar nicht so einfach. Versuchen Sie es bitte trotzdem. Machen Sie einen Schritt zur Seite. Ja, jetzt! Stellen Sie sich vor, Sie wären jemand anders, betrachten Sie sich sozusagen von außen. Wen sehen Sie?

Falls Sie damit Schwierigkeiten haben, befragen Sie Ihren Bekannten-/Verwandtenkreis. Die Menschen in Ihrem persönlichen Umfeld werden doch hoffentlich wissen, was Sie vorhaben. Nutzen Sie diese Jury und fragen:

Wie wirke ich auf andere?

_____

_____

_____

_____

_____

Sind Sie beispielsweise ein sehr akkurater Mensch, der in einem früheren Leben vielleicht Jura studiert hat, dann könnte es sein, dass Sie mit einer Szene-Kneipe nicht zwangsläufig erfolgreich werden. Gehen Ihnen Kinder auf die Nerven oder haben Sie Angst vor dem Älterwerden, dann sollten Sie nicht unbedingt Ihren Fokus auf die Zielgruppe FAMILY oder OLDIES legen.

MEIN TIPP: Analysieren Sie sich selbst und Ihre potenziellen Gäste. Entwickeln Sie eine gewisse Übung im Vergleichen, denn dasselbe werden Ihre Kunden auch tun.

Der Unternehmer Jack Welch sagte einst: *„Der Kunde vergleicht uns mit der Konkurrenz und stuft uns entweder als besser oder als schlechter ein. Das geht nicht sehr wissenschaftlich vor sich, ist jedoch verheerend für den, der dabei schlechter abschneidet."*

Wie wollen Sie in einer solchen Bewertung abschneiden? Was haben Sie zu bieten? Nachdem Sie nun wissen, was Ihre Zielgruppe ausmacht, legen Sie konkret fest, wie Ihr Angebot aussehen muss, welchen Aufwand es braucht und was es kosten soll. Bringen Sie Ordnung ins Ideenchaos und prüfen Sie systematisch, was Sie wollen und was Sie dafür brauchen.

#1: DER RICHTIGE NAME

Beginnen wir mit Ihrem zukünftigen Namen beziehungsweise den Fragen: Wie wird Ihr Gastrobetrieb heißen? In welcher Rechtsform wird er geführt? Werden Sie Einzelunternehmer*in oder Franchise-Nehmer*in sein, schließen Sie sich zu einer GmbH oder GbR zusammen, treten Sie die Rechtsnachfolge eines bereits existierenden Gastrobetriebs an?

Sollte Letzteres der Fall sein und der Vorbesitzer hat einen fragwürdigen Abgang gemacht, ist es ratsam, bei null anzufangen, also mit neuem Namen und neuem Konzept. Generell sollten Sie im Vorfeld ganz genau prüfen, ob Ihr Firmenname bereits vergeben ist. Nutzen Sie hierzu die Internetsuchmaschinen oder einschlägige Portale wie www.tripadvisor.de.

#2: WAS MACHT MICH EINZIGARTIG?

Ich weiß, das kommt jetzt zum x-ten Mal, wichtig bleibt es aber trotzdem. Formulieren Sie Ihr Alleinstellungsmerkmal, das für die anvisierte Zielgruppe möglichst wichtig, wahrnehmbar und dauerhaft sein sollte. Ihre Gäste müssen wissen, was genau sie bei Ihnen erwartet und sich darauf verlassen können.

Fokussieren Sie sich auf diesen USP und richten alles andere strategisch darauf aus. Bieten Sie beispielsweise eine kulinarische Auswahl selbstgemachter Torten und Petits Fours an, könnten Sie diese mit ausgesuchten Dessertweinen, exklusiven Teesorten oder raffinierter Kaffeezubereitung kombinieren. Die zu Ihrem Angebot passende Einrichtung, ein ansprechendes Corporate Design und gegebenenfalls ein Außer-Haus-Service sorgen dann für das richtige Drumherum.

MEIN TIPP: Sollten Sie über keine ausgeprägte Individualität verfügen und sich schwer tun mit dem Finden eines USP, dann veranstalten Sie mit Ihrer Familie, Freunden oder Gastronom*innen ein gemeinsames Brainstorming unter den zuvor genannten Fragestellungen und Aspekten. Ich verspreche Ihnen, nicht weiter mit dem USP zu nerven, wenn Sie die folgende Frage in maximal drei Sätzen beantworten können.

Was macht mein Angebot einzigartig?

_____

_____

_____

_____

_____

Mit diesen drei Sätzen werden Sie zukünftig Ihre Gäste begeistern, Ihre Mitarbeiter*innen motivieren und Ihr Marketing zielgenau ausrichten können.

WAS IST MEINE MARKETINGSTRATEGIE?

Es gibt viele Möglichkeiten, Ihr Unternehmen bekannt zu machen. Grundsätzlich gilt: **Werben Sie nur dort, wo Sie Ihre Zielgruppe erreichen! Präsentieren Sie nur das, was Ihre Zielgruppe will!**

Eine solide Marketingstrategie ist nicht nur am Anfang Ihrer Gastrokarriere, sondern generell das wichtigste Instrument für eine erfolgreiche Kundengewinnung aber auch langfristige Kundenbindung. Und zu dieser Marketingstrategie gehört, wie Sie sich darstellen. Bevor Sie an Social Media, Ihre Speisekarte oder die Einrichtung Ihres Gastrobetriebs denken, machen Sie sich bitte bewusst, welche Außenwirkung Sie erzielen wollen. **Ihr Name wird ab sofort Ihr Image sein.** Je stärker und eindeutiger Sie dieses Image definieren, desto leichter wird es potenziellen Gästen fallen, in Ihren Gastrobetrieb zu kommen, zu bleiben – oder eben nicht.

Alles, was Sie ab jetzt tun, wird mit Ihrem Namen in Verbindung stehen. Denken Sie bei jeder Gelegenheit daran, wenn Sie auf eine Party gehen, Ihre Meinung in den sozialen Netzwerken äußern, mit Freunden sprechen, Personalgespräche führen, möglichen Geldgebern oder Kooperationspartnern Ihre Geschäftsidee präsentieren. **Ihr Auftreten, Ihr Aussehen, Ihre Verlässlichkeit, Ihre Zahlungsmoral, Ihre politische Einstellung, einfach alles, was Sie ausmacht, wird ab sofort Ihr unternehmerisches Image und damit Ihren geschäftlichen Erfolg prägen.**

Als Gastronom*in wird jedes Wort, jede Tat Konsequenzen haben, die nicht nur Sie betreffen, sondern ebenso jede Person, die sich auf Ihre Integrität verlässt. Mit der Selbständigkeit übernehmen Sie Verantwortung für Ihre Gäste, Ihr Personal, mögliche Partner und Geldgeber. Das klingt nach einer großen Last, muss es aber nicht sein, wenn Sie bewusst handeln und Ihren guten Ruf vor allem gegen den Schlendrian verteidigen.

MEIN TIPP: Lassen Sie sich ein Credo einfallen, bestimmte positive Attribute, die ab sofort für Sie und Ihre Mitstreiter*innen zum obersten Gebot werden – insbesondere dann, wenn es mal nicht so gut läuft.

Was ist unser Credo?

_____

_____

_____

_____

_____

Verwenden Sie diesen Leitspruch für Ihre Corporate Identity, Ihre Kommunikation nach innen und außen. Jeder und jede in Ihrem Umfeld – ob Personal, Gäste oder Follower – sollte spüren, was Ihnen wichtig ist und wofür Sie stehen. Und zwar so differenziert wie möglich! Speisen Sie also niemanden, vor allem nicht sich selbst, mit allgemeinen Phrasen ab. **Qualität, Freundlichkeit, Augenmerk sind in jedem guten Gastrobetrieb absoluter Standard, kein Alleinstellungsmerkmal.** Finden Sie Begriffe (Keywords), die Ihr Unternehmen beschreiben und mit denen Sie sich am besten identifizieren können.

Welche fünf Attribute beschreiben mein Image?

1. _____

2. _____

3. _____

4. _____

5. _____

Verwenden Sie diese Schlüsselbegriffe ab sofort regelmäßig als Hashtags für Ihre digitalen Werbekampagnen. Nutzen Sie Ihr Credo für Ihr Corporate Design und lassen es auf Servietten, Schürzen, Shirts drucken. Werden Sie mit Ihren Mitstreiter*innen zur eingeschworenen Gemeinschaft wie die Musketiere: Einer für alle, alle für einen!

Und erst dann befassen Sie sich damit, was Sie wann und wie präsentieren wollen. In meinem Praxishandbuch GASTRONOMIE AM PULS DER ZEIT gehe ich ausführlich auf den Marketing-Mix ein und zeige Ihnen, wie Sie Ihr Angebot kostenschonend aktuell halten und die (leider) branchentypischen Preissteigerungen kompensieren können. Denn auch das gehört selbstredend zur Marketingstrategie. Zudem erläutere ich eingehend, welche Werbung für die Gastro sinnvoll ist und welche Chancen sich aus der Zeitenwende ergeben. Die Wiederholung würde den Rahmen dieses Booklets sprengen, weshalb ich an dieser Stelle explizit auf die Lektüre meines umfassenden Praxishandbuchs für die Gastronomie verweise.

Darüber hinaus finden Sie am Ende dieses Booklets weiterführende Informationen zu meinem Coaching-Angebot.

Worauf ich aber gern wiederholt hinweisen möchte, sind die Essentials einer erfolgreichen Marketingstrategie, die sich in zwei Begriffen zusammenfassen lassen:

EMOTIONEN + MEHRWERT

Eine probate Werbeformel ist AIDA (Attention, Interest, Desire, Action). Wie weckt man Aufmerksamkeit, schafft Interesse, befriedigt Bedürfnisse, überzeugt Menschen?

Widmen Sie sich ab sofort der Werbung unter genau diesen Aspekten. Achten Sie bei Spots im Fernsehen, bei Social Media oder einem anderen Medium Ihrer Wahl, wie Werbeprofis Produkte supporten und verkaufen. Ob

Kosmetik, Autos oder Schokolade – letztlich erfolgt die Kundenansprache immer über Emotionen, weckt Bedürfnisse, schafft Gemeinsamkeiten. Und das einzigartige Kundenversprechen enthält einen Mehrwert, der oft überzogen anmutet, aber trotzdem Wirkung zeigt: Nur mit diesem oder jenem Produkt wird man schlank, sicher, glücklich, gesund, zu einem respektierten Mitglied der Gesellschaft ... Nach einer konkreten Message wird das Angebot zeitlich/preislich begrenzt oder auf andere Art soweit reduziert, dass Käufer über die Exklusivität zum sofortigen Kauf animiert werden.

Im Grunde ist das alles, mehr gibt es über Werbung nicht zu wissen. Verinnerlichen Sie sich diese Essentials und leiten daraus mithilfe der folgenden Fragen Ihre ganz eigene Werbestrategie ab.

Welche fünf Emotionen schaffen Aufmerksamkeit?
1. _____
2. _____
3. _____
4. _____
5. _____

Falls Sie Schwierigkeiten haben sollten, diese Fragen zu beantworten, sprechen Sie mit Personen in Ihrem Umfeld und achten zukünftig darauf, mit welchen Methoden erfolgreiche Gastronom*innen Werbung machen.

Welche fünf Bedürfnisse haben meine Gäste?

1. _____

2. _____

3. _____

4. _____

5. _____

Auch wenn Sie als Gründer*in noch keine Gäste haben, sollten Sie schon jetzt ein Gefühl dafür entwickeln, was Ihre Zielgruppe braucht und fordert. Lesen Sie im Zweifel dieses Kapitel noch einmal von vorn.

Welches einzigartige Kundenversprechen gebe ich?

_____

_____

_____

_____

_____

Sofern Sie die ersten beiden Fragen beantwortet haben, sollte diese dritte hier kein größeres Problem darstellen. Es gibt kein Richtig oder Falsch und es kommt auch bei dem, was Sie für sich notieren, nicht auf Schönheit an. Niemand wird Sie korrigieren oder motivieren, als Selbständige/r können Sie das zukünftig nur selbst und ständig.

Wie kann ich mein Angebot exklusiv machen?

_____

_____

_____

_____

_____

Wenn Sie konkret wissen, was Ihre Gäste wollen, und wenn Sie leidenschaftlich von dem überzeugt sind, was Sie als Gastronom*in zu bieten haben, wird es Ihnen leichter fallen, die sogenannte Call-to-Action-Message zu formulieren. Übrigens nicht nur bei Ihrer Werbung, sondern in der täglichen Routine. Um Gäste zu animieren, einen weiteren Drink oder nach dem Essen noch ein Dessert zu bestellen, werden Sie und Ihre Mitarbeiter*innen kreativer nachfragen müssen als nur: „Ist bei Ihnen alles in Ordnung?" oder „Darf es noch etwas sein?". Auch diesbezüglich habe ich diverse praktische Tipps in meinem bereits benannten Praxishandbuch für Sie. Bestellen Sie das Buch am besten gleich im Bookstore Ihrer Wahl.

MEIN TIPP: Behalten Sie stets im Blick, was Sie zu bieten haben. Falls nötig, befreien Sie sich von dem Vorwurf, dass Selbstbewusstsein und Geldverdienen etwas Schlechtes ist. Als Gastronom*in streben Sie jede Sekunde danach, Menschen glücklich zu machen. Das ist Ihr Job. Es gibt also nichts, wofür Sie sich schämen müssten.

CHECKLISTE

- Was habe ich zu bieten?
- Wie hebe ich mich von der Masse ab (USP)?
- Wie wirke ich auf andere?
- Wie sieht mein idealer Gast aus (Einkommen, Ansprüche, Interessen etc.)
- Welche Zielgruppe passt zu mir (TRENDS, BUSINESS, OLDIES, SZENE etc.)
- Bringe ich genügend Erfahrungen und Wissen für diese Zielgruppe mit?
- Passt meine Persönlichkeit, meine Location, mein Ambiente, meine Küche, mein Umfeld zu dieser Zielgruppe?
- Ist die Zielgruppe groß genug und umsatzstark?
- Wo erreiche ich meine Zielgruppe am besten?
- Welche Vorteile bieten mir die sozialen Netzwerke?
- Was sind die drei wichtigsten Merkmale meines Angebots?
- Was war noch gleich AIDA?

PERSONAL/RECRUITING

In all den Jahrzehnten, die ich als Gastronom und Coach tätig bin, war das Personal eigentlich kaum ein Thema; jedenfalls nicht in Bezug auf die Quantität. Mittlerweile wird jedoch deutlich, wie massiv der Personalmangel ist. Vor allem Fachkräfte fehlen in der Industrie, der Pflege, im Handwerk und auch bei uns. Immer mehr Gastrobetriebe schließen, weil Sie kein Personal haben. Die Forderungen an die Politik werden lauter, dieses Problem zu lösen. Aber ganz ehrlich? Wie lange wollen wir darauf warten und kann die Politik uns überhaupt helfen?

Liegt es nicht vielmehr an uns, attraktive Arbeitsplätze zu schaffen, damit Menschen wieder Lust haben, in der Gastronomie zu arbeiten? Und wenn ja, wer bildet denn diese Menschen aus? Der Staat oder wir?

Tatsächlich gibt es mittlerweile zahlreiche Initiativen in Ländern und Kommunen, die dem Fachkräftemangel entgegenwirken sollen. Öffentliche Gelder werden investiert, um dem krisengebeutelten Gastgewerbe unter die Arme zu greifen. GERDI berichtet darüber in ihren GASTRO-STORIES. Alles gut, wunderbar. Nur sollten wir uns nicht auf staatliche Hilfen verlassen und maulend die Hände in den Schoß legen. Vom Jammern ist schließlich noch nie etwas besser geworden.

Als Gründer*in sind Sie ab sofort für Ihre berufliche Existenz und die Ihrer Mitarbeitenden verantwortlich. Sie entscheiden, wie gut oder schlecht motiviert, bezahlt und ausgebildet Ihr Personal ist. In diesem Kapitel gebe ich Ihnen Tipps an die Hand, wie Sie tatkräftige Mitstreiter*innen finden, welchen Wert Teambuilding hat und worauf Sie als Chef*in besonders achten müssen.

WER PASST ZU MIR?

Wenn immer mehr Gastrobetriebe schließen müssen, weil sie kein Personal haben, müsste eigentlich klar sein, was eine Ihrer primären Aufgaben sein wird, um Ihr Geschäft erfolgreich zu starten und nachhaltig am Laufen zu halten. Richtig, ein motiviertes Team ist das A und O Ihrer und unser aller gastronomischen Zukunft. Sollten Sie bisher davon ausgegangen sein, irgendwen einzustellen, verabschieden Sie sich bitte sofort von diesem Gedanken. Denn irgendwer wird auch nur irgendwie und damit keinesfalls konkret dazu beitragen, dass aus Ihrer Vision eine lebenswerte Realität wird.

Stellen Sie sich vor, Sie würden keinen Gastrobetrieb, sondern eine Band gründen. Kann das mit einem wahllos zusammengewürfelten Haufen klappen? Vielleicht, aber die Chancen sind doch ziemlich gering. Insbesondere dann, wenn die Schnittmengen zu klein sind, jede/r in dieser Band eine Rampensau ist und ganz vorn mitspielen will. Zahlreiche Castingbands sind gescheitert, weil zu viele Egos aufeinandertrafen, die auf natürliche Weise niemals zueinandergefunden hätten.

Nun kann niemand von Ihnen erwarten, dass Sie über eine Handvoll Sandkastenfreunde verfügen, die allesamt Gastro-Fachkräfte sind und mit Ihnen gemeinsam durchstarten wollen. Das ist auch gar nicht nötig. Dennoch sollten Sie bei der Personalsuche genau das im Blick haben. Für reibungslose Arbeitsabläufe, ein harmonisches Betriebsklima und zufriedene Gäste braucht es Menschen, die ähnliche Wertevorstellungen haben und charakterlich zusammenpassen. Um also nicht nur irgendwelche Mitarbeitende, sondern Mitstreitende zu finden, sollten Sie zuerst auf sich selbst blicken, Ihre eigenen Softskills herausfinden und sich dann fragen:

Wer passt zu mir?

_____

_____

_____

_____

_____

Ähnlich wie bei der Suche nach Ihrer Zielgruppe ist es auch bei Ihrem Personal notwendig, bestimmte Attribute festzulegen, die jene Menschen mitbringen sollten, mit denen Sie zukünftig durch dick und dünn gehen wollen. Sie erwarten – ob direkt oder indirekt – von diesen Menschen, Ihre gastronomische Vision zu teilen und zu verwirklichen. Warum sollten Fremde das tun, aus reiner Nächstenliebe, weil es Geld dafür gibt? Das können sie auch woanders verdienen, vielleicht sogar mehr und einfacher – die Anzahl der offenen Stellen steigt schließlich stetig.

Erinnern Sie sich bitte, wie man (in der Werbung) Aufmerksamkeit generiert und andere von etwas überzeugt. Richtig, mit Emotionen und Mehrwert. Gleiches gilt auch für die Personalsuche, weshalb ich Sie auffordere, im nächsten Schritt folgende Frage zu beantworten:

Was brauchen meine Mitarbeiter*innen?

_____

_____

_____

_____

_____

Die Neunziger sind vorbei, als die Arbeitsmarktsituation eine freie Auswahl zuließ und Arbeitnehmende froh sein konnten, überhaupt einen Job zu finden. Ich erlebe leider immer noch Gastronom*innen, die mit dieser längst überholten Einstellung arbeiten – und scheitern.

Tatsächlich ist es doch so, dass allein die Begriffe Arbeitnehmer und Arbeitgeber aus der Zeit gefallen sind. Als Gastronom*in werden Sie zukünftig mehr geben müssen als nur Arbeit, denn Ihre potenziellen Mitstreiter*innen sind keinesfalls in der bedingungslosen Nehmerposition.

WIE FINDE ICH GUTES PERSONAL?

Bevor wir uns dem WIE widmen, muss ich dringend auf das WANN eingehen. Nicht nur Gründer*innen machen den Fehler, viel zu spät mit der Personalsuche zu beginnen. Selbstredend können Sie erst dann Leute einstellen, wenn Ihr Gastrobetrieb gegründet ist und sowohl die Finanzierung als auch der Standort feststeht. Trotzdem sollten Sie sich zwischen den Terminen beim Gewerbeamt, der Bank, Steuerberatung und Hygieneschulung ausführlich mit dem Thema Personal auseinandersetzen. Bereiten Sie Stellenanzeigen vor, suchen Sie in Ihrem privaten und virtuellen Umfeld, schauen Sie in einschlägige Jobportale und bei Branchenverbänden, besuchen Sie Messen, Workshops und lesen Sie bitte in jeder freien Minute alles über Mitarbeiterführung und Kommunikation. Sprechen Sie so oft wie möglich über Ihr Vorhaben und fragen nach Hilfe!

RECRUITING 2025 funktioniert anders als vor zwanzig Jahren. Heute bestimmt die Nachfrage das Angebot, nicht umgekehrt. Die Ansprüche auf der sogenannten Arbeitnehmerseite haben sich massiv verändert, was sich auf die Konditionen niederschlägt. Niemand ist mehr bereit, für einen Hungerlohn unter widrigen Umständen zu arbeiten. Warum auch?

Um Mitstreiter*innen zu finden, die mit Herzblut und Feuereifer Ihre Vision verwirklichen wollen, die eine Bereicherung darstellen, Ihre Kundschaft zufriedenstellen und Umsätze generieren, müssen Sie mehr bieten als nur Geld. Wenn Sie die vorherige Übung absolviert haben, wissen Sie jetzt, was Ihrem zukünftigen Team wichtig ist. Falls nicht, sollten Sie direkt damit beginnen, sich schlau zu machen.

Zahlreiche Umfrageinstitute haben sich in den vergangenen Jahren mit den Bedürfnissen und Ansprüchen auf Arbeitnehmerseite beschäftigt. Falls Sie mir nicht glauben, schauen Sie im Netz, dort finden sich diverse Rankings, in denen nach Altersgruppen aufgeschlüsselt die wichtigsten ARBEITSPLATZFAKTOREN mit unterschiedlichen Prioritäten genannt werden:

- Work-Live-Balance
- Karriere/berufliche Entfaltung
- Arbeitsklima/Atmosphäre
- Unternehmenskultur/Image
- Anerkennung/Respekt
- Sicherheit/Vorsorge
- Team/Gemeinschaft

GERDI hat in ihren GASTRO-STORIES Beispiele genannt, wie kreativ und mitunter verzweifelt Gastronom*innen im Jahr 2024 auf den Fachkräftemangel reagierten. In typischen Touristenhochburgen oder Großstädten kann sich kaum noch jemand mit dem Gehalt einer Servicekraft Wohnraum leisten. Die Mietpreise gehen durch die Decke, was der hauptsächliche Grund ist, weshalb auf Fehmarn oder Usedom Personalmangel herrscht. Die marode Infrastruktur sorgt dafür, dass insbesondere Pendler*innen im Schichtdienst ausschließlich mit dem eigenen Auto zur Arbeit fahren müssen. Wer kann sich das noch leisten?

Welche Kellnerin will nachts mit der U-Bahn oder dem Fahrrad durch Berlin oder Frankfurt? Welcher Barkeeper schafft die Vereinbarkeit von Familie und Beruf, wenn es keine Kinderbetreuung gibt? Welcher Abiturient hat Bock auf Gastro, wenn die Karrieremöglichkeiten im Finanzwesen oder als Influencer weitaus besser sind?

CORPORATE BENEFITS: Das Jobportal stepstone.de hat sich vor Kurzem in der Studie ATTRACTING TALENT 2024 – WAS ARBEITSKRÄFTE HEUTE WIRKLICH WOLLEN mit der Frage befasst, welche Zusatzleistungen clevere Unternehmer*innen zur Verfügung stellen sollten. Die wesentlichen Benefits decken sich mit dem, was man mit ein bisschen Empathie und Interesse auch selbst herausfinden kann, weshalb ich hier nichts wiederhole, sondern an Ihre Neugier und Kreativität appelliere.

MEIN TIPP: Nutzen Sie den hedonistischen Ansatz des aktuellen Lifestyles. Denn wer, wenn nicht wir, kann die momentane Sehnsucht nach sozialen Bindungen, Gemeinschaft, Harmonie, Gesundheit und Wohlbefinden befriedigen?

WIE WERDE ICH EIN GUTER CHEF?

... oder eine gute Chefin? In meiner Generation waren sie noch schwer zu finden, vom Patriarchat nicht gewollt, in der Gesellschaft unerwünscht. Im Jahr 2025 sehe ich zum Glück unfassbar viele kluge, innovative, kreative und selbstbewusste Frauen, die sich ihren berechtigten Platz erobern. Gemeinhin ist es heute egal, mit welchem Geschlecht du geboren wurdest. Oder? Auf dem dunklen Weg zurück in die Vergangenheit leuchtet wenigstens die Gastro immer noch bunt. Nicht wahr?

Ja, ich denke schon, dass bei uns die Diversität wunderbar großgeschrieben wird. Sorgen Sie bitte dafür, dass es so bleibt, dass es auch weiterhin egal ist, welche sexuelle Orientierung du hast, welche Hautfarbe, welche Religion, welche Herkunft ... und letztlich nur eines zählt, dass du kein Arschloch bist.

Und genau das ist im Grunde das Geheimnis einer respektablen Führungskraft. Behandle andere so, wie du selbst behandelt werden willst. Eine angestaubte Phrase, könnte man meinen, in der zunehmenden Verrohung unserer Gesellschaft jedoch brandaktuell. Als Chef*in brauchen Sie Fähigkeiten, die längst nicht alle gottgegeben sind. Im Folgenden zähle ich die wesentlichsten Features auf, die Sie als künftige Führungskraft dringend erlernen sollten, bevor Sie Personal einstellen.

#1: KOMMUNIKATION

Viele Unternehmer*innen scheitern, weil sie unzureichend Ideen, Ansprüche, Verantwortung, Forderungen, Anerkennung kommunizieren können. Die einen loben zu viel, die anderen meckern oder sagen gar nichts und wundern sich dann, wenn niemand ihnen zuhört. Sofern es halbwegs gut läuft, werden Mitarbeiter*innen zur Fortbildung geschickt, damit die lernen, wie man richtig kommuniziert. Grundsätzlich ist das absolut okay. Nur wäre es meist besser, wenn der Chef oder die Chefin endlich lernt, wie man es richtig macht.

Das Potenzial, Menschen erfolgreich zu führen, wurde nur wenigen von uns in die Wiege gelegt, aber jede/r von uns kann es lernen. Besuchen Sie Seminare, lesen Sie Fachbücher über Kommunikation, finden Sie die passende Sprache für Ihre Unternehmenskultur, für Ihre Vision und für Ihr Team. Arbeiten Sie an Ihrer Körperhaltung, Ihrer Stringenz aber auch an Ihrer Empathie. Denn gutes Personal ist Goldstaub, kein notwendiges Übel.

#2: WERTSCHÄTZUNG

Sollten Sie in einem liberal-progressiven Elternhaus aufgewachsen sein: Glückwunsch! In der Praxis spiegelt sich leider immer noch allzu oft die dogmatische Erziehung in rosa und hellblauen Schubladen wider. Die meisten Frauen haben als Kind gelernt, wie sie hübsch aussehen ... und die Klappe halten. Die meisten Männer hingegen, wie sie sich in den Vordergrund drängeln ... und stark sind. Beides ist Mist!

Als Führungskraft können Sie heute zu Recht nicht mehr auf bedingungslosen Respekt hoffen, auf einem Podest stehen und von oben herab Kommandos brüllen. Andererseits hilft es Ihnen überhaupt nicht weiter, immer nur nett zu sein. Lernen Sie, sich Respekt zu verschaffen, indem Sie mit Vorbildwirkung vorangehen und achtsam mit sich selbst und anderen umgehen! Falls Sie in Ihrem vorherigen Leben angestellt waren, rufen Sie sich bitte in Erinnerung, was Sie an Ihren Vorgesetzten geschätzt und gehasst haben. Schreiben Sie Ihre Gefühle diesbezüglich auf und dann Ihre Ansprüche.

Was macht einen guten Chef/eine gute Chefin aus?

_____

_____

_____

_____

#3: DELEGIEREN

Besagte Vorbildwirkung definieren besonders eifrige Menschen oft falsch. Sie glauben, alles allein machen zu müssen, weil niemand sonst es kann. Auch das ist Mist!

- Eine gute Führungskraft stellt Menschen ein, die besser sind als sie selbst.
- Eine gute Führungskraft respektiert das Knowhow ihres Teams.
- Eine gute Führungskraft schenkt Vertrauen und delegiert Aufgaben.
- Eine gute Führungskraft teilt den Erfolg, gibt jedoch keine Verantwortung ab, wenn mal etwas schiefgeht.
- Denn eine gute Führungskraft schafft zwar Freiräume, agiert im Hintergrund, behält jedoch immer die Kontrolle.

#4: VERTRAUEN

Ein Team funktioniert immer nur so gut, wie jeder und jede den für ihn oder sie bestimmten Platz kennt. Stellen Sie sich ein Segelschiff vor, das auf hoher See fährt und in einen Sturm gerät. Wenn da plötzlich alle panisch durcheinanderlaufen, wird das Schiff kentern. So läuft es leider in vielen Gastrobetrieben. Machen Sie es bitte von Anfang an besser!

Sorgen Sie für ein Team, in dem sich alle aufeinander verlassen können, weil jede/r weiß, was zu tun ist, wo reibungslose Arbeitsabläufe normal sind, auch wenn es mal hektisch wird. Wie Sie das erreichen? Indem Sie zunächst das Wort SCHULD aus Ihrem Wortschatz streichen. Sie ist der Tod des Vertrauens und der Eigenständigkeit. Warum? Nun, ich bin davon überzeugt, dass Sie klug und empathisch genug sind, das herauszufinden.

Zum Abschluss dieses Kapitels möchte ich, dass Sie sich etwas Zeit nehmen und auf die folgende Frage mit Bedacht antworten:

Ich werde ein guter Chef/eine gute Chefin sein, weil ...?

_____

_____

_____

_____

_____

- Definieren Sie klare Regeln in puncto Effizienz und Fairness, an die sich alle im Team halten – auch Sie!
- Wälzen Sie keine Probleme, finden Sie Lösungen – gemeinsam, auf Augenhöhe!
- Nehmen Sie Konflikte an und betrachten diese als Chance, Entscheidungen zu überdenken oder neu zu treffen.
- Geben Sie Fehler zu und finden im wertschätzenden Diskurs mit sich selbst und/oder Ihrem Team heraus, wie es besser geht.

- Seien Sie stolz auf das, was Sie erreicht haben. Vergessen Sie dabei aber nicht, dass unser Erfolg immer eine Teamleistung ist.

MEIN TIPP: Schützen Sie Ihre Mitarbeiter*innen! Ja, ich meine es leider im wörtlichen Sinne. Unsere Welt ist zwar immer noch bunt, an den Rändern jedoch zunehmend schwarz und weiß. Leben Sie die Vielfalt, den Respekt und das friedvolle Miteinander, aber machen Sie sich bitte auch bewusst, dass die Verrohung der Gesellschaft längst nicht mehr nur bei Facebook und X stattfindet. Schulen Sie Ihr Team regelmäßig in puncto Service, Hygiene, Kommunikation und darüber hinaus in Deeskalation und Erste Hilfe.

IN STRESS-/GEWALTSITUATIONEN STELLEN SIE SICH BITTE NIEMALS HINTER IHR PERSONAL, SONDERN STETS DAVOR!

CHECKLISTE

- Was kann ich richtig gut?
- Wie ticke ich als Mensch?
- Was macht mich wütend?
- Worauf kann ich stolz sein?
- Welche Ansprüche habe ich an mich und andere?
- Wie gut kann ich loben?
- Wie begegne ich Konflikten?
- Welche Regeln stelle ich auf?
- Welche Aufgaben sind zukünftig meine?
- Wie werde ich Aufgaben delegieren?
- Wie schaffe ich Vertrauen?
- Was bedeutet für mich Vorbildwirkung?
- Wie viele Mitarbeiter*innen brauche ich?
- Welche Benefits kann ich anbieten?
- Wie heißt mein/unser Credo?
- Wofür ist Unternehmenskultur wichtig?
- Welche Keywords stehen für unsere Philosophie?

PREISE/POTENZIALE

Anfang 2024, als die Mehrwertsteuersenkung von der Politik zurückgenommen wurde, kamen leider viel zu viele Gastronom*innen zu dem einzigen Schluss, nichts zu tun oder aber die Preise ohne eine entsprechende Gegenleistung zu erhöhen.

Und nun frage ich Sie: Warum sollten Menschen, die von der Gastro keine Ahnung haben (müssen), plötzlich mehr für das Gleiche bezahlen? Aus reiner Nächstenliebe, weil das Geld derzeit so wahnsinnig locker sitzt?

In Zeiten zunehmender Unsicherheit, steigender Personal- und Betriebskosten, der wachsenden Nachfrage bezüglich hochwertiger Produkte sowie einem immer höheren finanziellen und logistischen Aufwand ist die Preisgestaltung tatsächlich unfassbar schwer. Oft fragt man sich: Was kann ich meinen Gästen zumuten?

Ich sage es Ihnen: GAR NICHTS!

Ihr Job ist es, Menschen glücklich zu machen und dabei liquide zu bleiben. Nicht mehr und nicht weniger. Wenn Sie in einem Restaurant oder Hotel zu Gast sind, wollen Sie vom Personal aufmerksam behandelt werden und nicht hören, wie unfähig die Regierung ist, wie teuer der Wein, warum die Toiletten dreckig sind oder die Sauna nicht funktioniert. **Der Drahtseilakt im Gastgewerbe ist die Harmonie zwischen dem Besten und dem Unmöglichen.** Egal, wie schwer Ihr Job mitunter sein mag, Ihre Gäste dürfen davon nichts spüren. Und so verhält es sich auch mit der Preisgestaltung.

WAS IST EIN GUTER PREIS?

Wenn der Kunde das Gefühl hat, eine angemessene Leistung für sein Geld zu erhalten. Ja, ein Gefühl. Da Ihre Gäste nicht wissen (müssen), was Gastronomie kostet, ist das Preis-Leistungs-Verhältnis für sie kein allgemeiner Fakt, sondern reines Empfinden.

PREISGESTALTUNG IST PSYCHOLOGIE

Verfallen Sie bitte nicht dem Trugschluss zu glauben, dass Sie Ihre Gäste mit Gratisangeboten und Preisrabatten in Bestelllaune zu versetzen. Die „Happy Hour" kann gelegentlich für Leerlaufzeiten genutzt werden. Wer sich aber mit der Wahrnehmungspsychologie befasst, könnte grundsätzlich stilvoller und besser Umsätze generieren. Denn, noch einmal zu Wiederholung, das ist Ihr Job. Machen Sie sich von vornherein und stetig neu bewusst, dass die oberste Priorität in Ihrem Geschäft das Geldverdienen ist. Und in kaum einer anderen Branche können Sie diese Pflicht so hübsch verpacken.

Im Folgenden gebe ich Ihnen drei Tipps, wie Sie die Preise Ihres Angebots so präsentieren, dass Ihre Gäste das Gefühl haben, mehr für Ihr Geld zu bekommen als bei der Konkurrenz.

#1: VORTEILE

Im Fokus Ihres Angebots sollte nicht der Preis stehen, sondern was Ihre Gäste dafür bekommen. Üben Sie die Kundenansprache, schulen Sie Ihr Personal entsprechend. Wenn Ihr Kellner/Sommelier einen bestimmten Wein empfiehlt, sollte er die Vorzüge kennen, etwas über die Anbauregion wissen, weshalb gerade dieser Wein so gut zum Essen passt, und eine Sorte vorschlagen, die selbstverständlich hervorragend ist, vielleicht aber auch etwas teurer als die anderen.

#2: MEHRWERT

Hohe Preise schrecken ab. Wenn viele kleine Gerichte am Ende teurer sind als ein großes Hauptgericht, wird der Kunde dennoch zufrieden sein und glauben, er hätte die richtige Wahl getroffen. Nicht nur Pfennigfuchser geben lieber drei Mal 5,99 Euro als einmal 15 Euro aus. Setzen Sie mehr Kleinigkeiten auf Ihre Speisekarte, die jede für sich preiswert erscheint, aber allein niemals den Hunger stillt.

#3: BAUKASTEN

Der Kunde ist wählerisch? Na und! Lassen Sie ihn und bieten eine Fülle von Beilagen separat an. Die Kalbshaxe, der Edelfisch oder das Rindersteak wirken nicht mehr so teuer, dafür darf der Kunde entscheiden, ob er dazu lieber Salzkartoffeln, Reis etc. und/oder verschiedene Sorten Gemüse haben möchte ... und zahlt extra.

Damit würden Sie im Übrigen voll im Trend liegen, denn die klassische Beilage hat mehrheitlich ausgedient, der Star auf dem Teller ist nicht mehr Fleisch oder Fisch. Vielleicht spezialisieren Sie sich auf raffiniert zubereitetes Gemüse in allen möglichen Variationen. Der gesundheitsbewusste Gast darf sich dann quasi ganz offiziell nach dem **Baukastenprinzip** sein Essen selbst zusammenstellen. Beachten Sie in diesem Zusammenhang unbedingt eine detaillierte Information auf der Speisekarte und in Ihrer Werbung, sonst kann bei der Bestellung leicht Chaos und beim Bezahlen unnötiger Frust entstehen.

#4: ANKEREFFEKT

Beim Preisvergleich gibt es eine feste Größe, die jeweils in Bezug zu allen anderen Informationen gestellt wird. Die meisten Preise enden seit Jahrzehnten auf 99 nach dem Komma und werden laut Studien überwiegend als manipulativ wahrgenommen. Insofern wirken beispielsweise 12,80 Euro weitaus fairer und niedriger als 12,99 Euro, obwohl die Differenz marginal ist. Verzichten Sie also besser auf 99er-Preise und geben Ihren Gästen ein gutes Gefühl.

#5: BENEFIT

Nicht nur im Personalmanagement, sondern auch gegenüber Ihrer Kundschaft können Sie großzügig sein, ohne tiefer in die Taschen greifen zu müssen. Bieten Sie einen Vorteil, den die Konkurrenz nicht hat und der nicht unbedingt etwas kostet. Veranstalten Sie Lesungen, stellen Sie Bilder oder Fotografien eines regionalen Künstlers aus, bieten Sie eine Spielecke, regelmäßiges Public Viewing, Seniorentreffs, Frauenabende, einen Kräutergarten am Freisitz oder einfach nur selbstgebackene Gratis-Kekse zum Kaffee.

WIE KALKULIERE ICH RICHTIG?

Denken Sie immer daran, dass die Kalkulation zu Ihrem Geschäft dazugehört wie das Bierzapfen, Kochen, Servieren etc. Bestellen Sie Ihre Waren nach Gutdünken und kalkulieren die Preise nach dem Pi-mal-Daumen-Prinzip, gefährden Sie damit Ihre Existenz und auch die Ihrer Mitstreiter*innen. Führen Sie keine Statistiken, verlieren Sie irgendwann den Überblick. Speisen vergammeln, weil sie nicht benötigt werden. Falsch berechnete Preise summieren sich im Laufe des Jahres zu einem immensen Fehlbetrag. Bei der Preiskalkulation geht es also nicht nur um das richtige Preis-Leistungs-Verhältnis für den Kunden, sondern im Besonderen auch um das Kosten-Nutzen-Verhältnis für Sie als Unternehmer*in.

Viele in unserer Branche bestimmen die Preise nach dem Warenwert. Kostet also eine Flasche Wein im Einkauf die Summe X, wird der Preis auf die Anzahl der Gläser heruntergerechnet und ein bestimmter Prozentsatz einfach obendrauf geklatscht. Aber ist das tatsächlich schon alles oder geht es noch besser?

Die Preise für alle Speisen und Getränke setzen sich grundsätzlich aus den folgenden fünf Bestandteilen zusammen:

WARENKOSTEN: Zum Einkauf der benötigen Waren gehören auch die Kosten für Lagerung und Lieferung beziehungsweise den Transport. Egal ob Sie oder ein Mitarbeiter zum Großmarkt fährt, der Sprit und Fahrzeugverschleiß ist ab sofort keine Privatsache mehr, sondern fließt in die Kosten und damit in die Preiskalkulation ein.

GEMEINKOSTEN: Werden oft vergessen, weil sie nicht direkt zuzuordnen sind. Hierzu gehören Strom, Gas, Wasser oder Müllentsorgung aber auch sämtliche Ausgaben für Wartungen, Dienstleistungen, Pacht sowie regelmäßige Gebühren und Beiträge für Leasingverträge, GEMA, GEZ, Versicherungen und Kreditrückzahlungen.

PERSONALKOSTEN: Nirgendwo ist das Dunkel wohl größer als im Personalbereich der Gastronomie. Auch wenn seit Januar 2025 der gesetzliche Mindestlohn bei 12,82 Euro liegt, werden Saisonkräfte gern mal aus der Tageskasse bezahlt. Schwarzarbeit und Steuerhinterziehung sind im Gastgewerbe leider immer noch Usus. Letztes Jahr leiteten die Behörden der Zollverwaltung im Rahmen einer bundesweit durchgeführten verdachtsunabhängigen Schwerpunktprüfung gegen Schwarzarbeit und illegale Beschäftigung im Hotel- und Gaststättengewerbe sage und schreibe mehr als 360 Straf- und 620 Ordnungswidrigkeitenverfahren ein. Im Kontext dieser alarmierenden Zahlen weist der DEHOGA mit seiner Kampagne ILLEGAL IST UNSOZIAL auf das große Manko in den eigenen Reihen hin.

Damit Sie richtig und nachhaltig planen können, sollten Sie alle Personalkosten im Blick haben. Also nicht nur die Löhne, Lohnnebenkosten, Sonderzahlungen (z.B. Urlaubsgeld) für Service und Küche, sondern auch für Buchhaltung, Reinigung, Marketing und sich selbst!

GEWINN: Viele glauben, dass der Gewinn letztlich das ist, was Unternehmer*innen für sich privat zur Verfügung haben. Doch das stimmt nicht. Der weiter oben befreits angesprochene Unternehmerlohn muss buchhalterisch als Privatentnahme deklariert werden und ist einkommensteuerpflichtig. Zudem sollte der Gewinn nicht einfach irgendwie übrigbleiben, sondern bei der Kalkulation als feste Komponente berücksichtigt werden, damit Sie jederzeit ausreichend finanziellen Spielraum für Investitionen und Innovationen haben.

UMSATZSTEUER: Ist die eingenommene Mehrwertsteuer. Sie gehört nicht Ihnen! Egal, ob die neue Bundesregierung die 7 Prozent generell einführt oder nicht, ich wiederhole mich hier gern: Kalkulieren Sie stets ohne, also mit Nettobeträgen. Das ist einfacher und zeigt, was Ihnen tatsächlich zur Verfügung steht.

KALKULATION IST PRAKTISCHE ANALAYSE

Vergessen Sie die Faustregel „Einkaufspreis mal 400 Prozent"! Sie mag unterwegs beim Besuch im Großmarkt nützlich sein, ist aber generell viel zu ungenau. Sie können klassisch nach der Deckungsbeitragsrechnung kalkulieren, um zu ermitteln, wie viel Gewinn nach Deckung der Kosten übrigbleibt. Die Zielkostenrechnung (Target Costing) ist mittlerweile jedoch das probate Mittel aufgrund der priorisierten Käufernachfrage im Verdrängungsmarkt Gastronomie. Hier wird sich nach den Kundenbedürfnissen orientiert. Ausgehend vom Preis auf der Speisekarte wird ein angestrebter Gewinn abgezogen. Übrig bleiben die Kosten, auf die Sie einen höheren Einfluss haben als auf den Marktpreis im Wettbewerb.

Kalkulieren Sie Ihre Preise unbedingt regelmäßig und professionell. Suchen Sie sich Rat bei Ihrem Steuerberater und nutzen Sie eine entsprechende Software/App für Preiskalkulation, Rechnungslegung, BackOffice, Lagerverwaltung, mobiles Kassensystem und die Tablet-Speiskarte. Denn nichts wird Sie schneller in die Pleite treiben als nachlässige Buchhaltung und die Nichtbeachtung kaufmännischer Grundsätze. Weitergehende

Tipps finden Sie in diesem Kapitel, detaillierte Berechnungen in meinem Praxishandbuch GASTRONOMIE AM PULS DER ZEIT.

Ein Anbieter für digitale Kassensysteme und Bezahlplattformen ist **LIGHTSPEED**. Denken Sie Ihren Gastrobetrieb ganzheitlich – von der Buchhaltung bis zum Kundenerlebnis. **Nutzen Sie innovative Tools für mehr Planungssicherheit und Zeitersparnis!**

MEIN TIPP: Verkaufen Sie sich nie unter Wert! Nörgeln Sie niemals vor Ihren Gästen über zu hohe Preise oder das vermeintliche Unvermögen der Politik! **Verkaufen Sie keine Produkte, sondern Erlebnisse, Gaumenfreuden, Wohlfühlmomente!**

WIE BLEIBE ICH LIQUIDE?

Was ist Ihre spontane Antwort auf diese Frage: Wenn genügend Gäste kommen? Ja, das ist richtig. Allerdings nur teilweise. Fehlt Ihnen das Personal, nützen Ihnen die Gäste gar nichts, weil keiner sie bedient. Beherrschen Sie die Warenwirtschaft nicht, nützen Ihnen die Gäste ebenfalls nichts, weil Ihr Angebot auf der Speisekarte nur teilweise verfügbar ist. Pfeifen Sie auf Hygienevorschriften und setzen auf Schwarzarbeit, nützen Ihnen die Gäste null Komma nichts, denn dann wird Ihnen der Laden dichtgemacht.

Und so weiter und so fort ...

Begreifen Sie Ihren Gastrobetrieb als Schweizer Uhrwerk. Jedes noch so kleine Zahnrad ist wichtig und ausschlaggebend für das präzise Funktionieren. Vernachlässigen Sie nur einen Bereich, werden alle übrigen in Mitleidenschaft gezogen. Insofern ist ein volles Lokal grundsätzlich ein Indikator dafür, dass Sie als Unternehmer*in erfolgreich und damit zahlungsfähig sind. Aber eben nur ein Indikator, denn **am Ende zählt nicht nur, wie viele Gäste kommen, sondern wie viele bleiben.**

Mit den folgenden 4 Punkten möchte ich Ihnen einige Impulse geben, wie Sie Ihr Gastrokonzept ganzheitlich verstehen und ausarbeiten können:

#1: KUNDENBINDUNG

Zu diesem Thema gibt es zahlreiche Tipps. Rabattaktionen, Bonuskarten, Gutscheine, Treuepunkte. Können Sie alles machen, falls Ihre Zielgruppe aus Pfennigfuchsern besteht und Sie Ihren liebevoll eingerichteten und mit Herzblut geführten Gastrobetrieb auf das Motto „Geiz ist geil" reduzieren wollen. Aus meiner langjährigen Erfahrung weiß ich, dass Emotionen der Garant dafür sind, warum Gäste gern wiederkommen, sofern sie sich wohlfühlen. Ein freundliches Lächeln, ein nettes Gespräch, Anerkennung und Wertschätzung sind unbezahlbar und weitaus besser für die Kundenbindung geeignet als Rabattaktionen. Selbstverständlich nur, wenn alles davon wahrhaftig ist. Lassen Sie Ihren Gastrobetrieb je nach Zielgruppe zu einem Ort der Begegnung werden, wo Menschen mit all ihren Bedürfnissen gesehen und respektiert werden, wo die Mittdreißigerin nach dem zwölften missglückten Onlinedate sich mal so richtig ausheulen kann, wo Eltern ihre Kinder nicht verstecken müssen, wo Senioren ausgelassen feiern dürfen, wo Hunde erlaubt sind, wo es in diesen kalten Zeiten nicht nur Essen und Trinken gibt, sondern menschliche Wärme.

#2: KOMMUNIKATION

Jede Zielgruppe hat ihre ganz eigene Sprache – basierend auf Emotionen, Erfahrungen, Engagement. Wenn Sie bei der Wahl Ihrer Zielgruppe auf sich selbst geblickt haben und ab sofort für Gäste arbeiten wollen, die Ihnen ähnlich sind, dann dürfte die individuelle Sprache kein Problem sein. In einer Berliner Szenekneipe spricht kaum jemand Hochdeutsch, in einem Bayerischen Lokal gibt zünftiger Dialekt den Ton an, an einem Currywurststand in Hamburg wird geschnackt, in einem Restaurant mit internationaler Küche ist die Mehrsprachigkeit normal. Sie merken, worauf ich hinauswill, oder?

Finden Sie die Individualität Ihrer Zielgruppe, deren Gewohnheiten, und richten Sie darauf Ihre Kommunikation aus – sowohl im Umgang vor Ort als auch im digitalen Marketing. Nutzen Sie Ihre Kenntnis, dass Kaufentscheidungen zu etwa achtzig Prozent aus dem Bauch heraus getroffen werden. Überzeugen Sie nicht, sondern verführen Sie Ihre potenziellen Gäste mit allem, was diese sich wünschen, was sie brauchen und wofür sie bereit sind, Geld auszugeben. **Unsere Branche ist dafür prädestiniert, mit allen Sinnen zu verführen.** Falls Sie diese großartige Tatsache irgendwann mal aus den Augen verlieren, stellen Sie sich vor, Waffen zu verkaufen oder Windeln ...

#3: TEAMPLAYING

Gehen wir jetzt gemeinsam davon aus, dass Sie über einen lückenlosen Finanzplan verfügen, alles bestens für Ihren individuellen Auftritt am Markt vorbereitet haben, über eine perfekte Preisgestaltung verfügen, exzellente Produkte anbieten und Ihre grandiose Eröffnungswerbung eine fulminante Wirkung zeigt. Ihr Geschäft brummt, die Gäste kommen zahlreich, sind zufrieden und zahlungswillig.

Na, wie fühlt sich das an? Genau! Und nun stellen Sie sich vor, Ihr Personal ist schlecht ausgebildet, langsam, kaum motiviert und dadurch völlig überfordert. Der Service leidet, Fehler werden gemacht, schlechte Stimmung kommt auf.

Was meinen Sie: Wie viele Gäste werden wiederkommen, wenn das falsche Essen serviert wird, die Suppe kalt, der Weißwein warm ist und die Stimmung im Keller? Negative Eindrücke und Erlebnisse verbreiten sich meist schneller und besser als die positiven. Schlechte Rezensionen könnten zur Bankrotterklärung werden.

Ihr mittel- oder langfristiger Erfolg hängt unmittelbar damit zusammen, wie oft und wie gut Sie Ihre Mitarbeiter*innen motivieren, weiterbilden und der Begriff Team tatsächlich gelebt wird. Machen Sie es sich zum Ziel, Ihr Personal regelmäßig zu schulen und in klar definierte Betriebsabläufe einzubinden. **Nur wer seinen Platz kennt und sich zum großen Ganzen zugehörig fühlt, wird mit Feuereifer bei der Sache sein.** Schaffen Sie Perspektivwechsel und veranstalten Rollenspiele, bei denen jeder Mitarbeiter und jede Mitarbeiterin einmal Gast und einmal Servicekraft sein darf. Fordern Sie konstruktive Kritik und Innovation. Setzen Sie sich regelmäßig mit Ihren Mitarbeitenden zusammen, werten Sie gemeinsam die vergangenen Tage/Wochen aus und schmieden neue Pläne für die Zukunft.

#4: DIGITALISIERUNG

Wenn Sie so jung sind, wie ich vermute, dann muss ich Ihnen eigentlich nichts über die Vorteile und Chancen der Digitalisierung erklären. Ich möchte es dennoch, sicherheitshalber.

Als Kind der analogen Zeit habe ich den technischen Wandel in der Gastronomie hautnah miterlebt und kann nur sagen: Digitale Tools in jeglicher Form helfen, Betriebsabläufe zu optimieren und Kundenbedürfnisse zu realisieren. In meinem Praxishandbuch habe ich viel darüber geschrieben, was heute mehrheitlich von unserer Kundschaft nachgefragt wird. Sei es die Online-Reservierung, die Suche nach passenden Locations im Netz, die virtuelle Bewertung, die digitale Kundenkarte, Social Media und selbstredend auch das kontaktlose Bezahlen. Ebenso vorteilhaft für unsere Gäste ist die digitale Speisekarte in vielerlei Hinsicht, insbesondere vor dem Hintergrund der Inklusion und Diversität. **Welch großartige Möglichkeiten der Teilhabe eröffnen sich beispielsweise Menschen mit Hör-, Seh- und Sprachbehinderungen, wenn Sie barrierefrei bestellen können?!**

- Internationale Gäste müssen kein Deutsch mehr können und Sie müssen die Speisekarte nicht in mehreren Sprachen anbieten. All das klappt heute mit wenigen Klicks.

- Wie viel Stress können Sie vermeiden, wenn ein Tool Ihre Reservierungen erledigt und nicht pausendlos das Telefon klingelt? Wie viel sicherer sind diese Reservierungen, wenn da nicht nur ein Anruf erfolgt, sondern der Termin direkt in den Kalender geladen werden kann?

- Wie viel mehr Personen können Sie erreichen, wenn potenzielle Gäste nicht mehr nur (wie früher) über direkte Empfehlung, aufwändig gedruckte Flyer und teure Zeitungsannoncen angesprochen werden?

Social Media gibt Ihnen die Chance, Ihre Zielgruppe mit allen Sinnen zu verführen. In Videos können Sie sich und Ihren Gastrobetrieb wunderbar in Szene setzen, Ihre kulinarischen Köstlichkeiten so authentisch präsentieren, dass man quasi schon bei Ihnen am Tisch sitzt. Mit passenden Hashtags und einem gezielten Onlinemarketing ist es möglich, mit nur einer Aktion um ein Vielfaches mehr Menschen zu erreichen, als es früher analog möglich war.

Immer wieder höre ich, wie zeitraubend das sei, aber mal ehrlich: Stellen Sie sich vor, Sie müssten Flyer erstellen, Feedbackbögen und Rabattcoupons, diese dann zur Druckerei bringen, wieder abholen und dann auch noch einzeln unter die Leute bringen. Das hat in meiner Gründerphase, und wir reden hier von den Neunzigern, mehrere Tage in Anspruch genommen. Für ein Werbevideo kann man selbstredend genauso lange brauchen, aber mit etwas Routine und Ehrgeiz klappt das auch weitaus schneller. Zudem ist kein teures Equipment mehr zwingend nötig und die Profis sitzen auch nicht mehr nur in Berlin, Köln oder München.

Selbst das Personalmanagement ist so einfach wie noch nie. Mit einem entsprechenden Tool sparen Sie sich die völlig ineffiziente Zettelwirtschaft. In der Vergangenheit wurde das auf Papier gemacht. Ein armer Tropf wurde dazu verdonnert, die Schichtpläne laufend zu aktualisieren – mit Stift und Telefon. Heute können

Sie sich mit Ihrem Team vernetzen, auf einen Kalender zugreifen, in dem minutiös alle Schichten, Urlaubstage und Krankmeldungen ersichtlich sind.

Absolut unerlässlich ist die Digitalisierung Ihres Zeitmanagements. Haben Sie schon? Sehr gut! Falls nicht, könnte Ihnen **ordio.com** weiterhelfen. **Die Plattform für alles: Schichtplanung, Urlaubsplanung, Lohn- und Gehaltsplanung, Mitarbeiter-App …**

CHECKLISTE

- Eine regelmäßige Kalkulation hilft Ihnen, Verluste zu vermeiden. Nehmen Sie sich Zeit dafür!
- Kennen Sie Ihre Kosten, können Sie nachhaltiger wirtschaften. Nutzen Sie digitale Tools!
- Preisdumping ist keine Alternative zu kaufmännischer Planung. Schaffen Sie einen Mehrwert!
- Sorgen Sie für Übersicht und automatisieren Sie Ihren Warenbestand mit Hilfe einer App!
- Bieten Sie nicht einfach nur Essen und Trinken an, schaffen Sie Kundenerlebnisse!
- Preisgestaltung ist Psychologie. Setzen Sie neben Zahlen auf Emotionen!
- Denken Sie daran, dass 500 Gramm Fleisch oder Gemüse beim Garen weniger werden.
- Beachten Sie saisonale Mehrkosten bei der Preisgestaltung.
- Die richtige Portionsgröße ist ausschlaggebend für Kosten und Preis. Nutzen Sie präzise Waagen und Messbecher!
- Behalten Sie Ihre Zahlen immer selbst im Blick!

IHR JOB IST ES, MENSCHEN GLÜCKLICH ZU MACHEN UND LIQUIDE ZU BLEIBEN.

RECHTLICHES

Vor lauter Übermut werden leider allzu oft die rechtlichen Aspekte bei der Gründung außer Acht gelassen. Wie bereits erwähnt, tragen Sie als Unternehmer*in ab sofort die Verantwortung für sich und Ihren Gastrobetrieb im gesamtgesellschaftlichen und rechtsstaatlichen Kontext. Deshalb ist es essenziell notwendig, dass Sie alle relevanten Vorschriften kennen und nach bestem Gewissen einhalten. Und zwar nicht nur während der Gründung!

Aber vor allem dann, wenn Sie dabei sind, Ihre zukünftige Existenz in der Gastronomie zu planen, sollten alle gesetzlichen Vorschriften für unser Geschäft eine besondere Priorität erhalten. Welche das im Einzelnen sind und worauf Sie dringend achten müssen, habe ich im Folgenden für Sie zusammengetragen.

WELCHE VORSCHRIFTEN GIBT ES?

Zur Gewerbeanmeldung und allem, was Sie dazu brauchen, bin ich im ersten Kapitel eingegangen und habe Ihnen einen kleinen Vorgeschmack gegeben, was es sonst noch an gesetzlichen Regelungen zu beachten gibt. Schließen Sie am besten gleich Frieden mit der Tatsache, dass die Bürokratie leider zum Geschäft gehört. Gesetzlich festgeschriebene Pflichten zur Zahlung, Einhaltung und Dokumentation sind also tatsächlich das, was der Wortlaut impliziert: Pflicht. Verstoßen Sie dagegen, aus welchen Gründen auch immer, droht Ihnen die Zahlung hoher Bußgelder und schlimmstenfalls der Entzug Ihrer Konzession. Behalten Sie deshalb bitte generell die alte Volksweisheit im Hinterkopf:

UNWISSENHEIT SCHÜTZT VOR STRAFE NICHT!

Schauen wir uns gemeinsam an, was Sie brauchen und wofür es wichtig ist.

#1: Gaststättenkonzession

Jeder gewerbliche Gastrobetrieb, der Speisen und Getränke für den Vor-Ort-Verzehr anbietet, ist verpflichtet, eine Konzession beziehungsweise Gaststättenerlaubnis zu beantragen. Diese ist personell und räumlich gebunden, nachträgliche Änderungen bezüglich Betreiber*in und Standort sind generell nicht möglich. Deshalb ist auch bei der Übernahme eines bestehenden Gastrobetriebs die Konzession neu zu beantragen.

Beim ausschließlichen Außer-Haus-Verkauf in Form eines Catering-Unternehmens oder Foodtrucks könnte diese Pflicht wegfallen. Falls Sie sich in dieser Sparte selbständig machen wollen, fragen Sie dennoch sicherheitshalber bei Ihrem zuständigen Gewerbeamt (Ordnungsamt) nach. Anträge können mittlerweile meist online gestellt werden, die Kosten betragen etwa 500 Euro.

⚙️ **MEIN TIPP:** In manchen Regionen ist die Anzahl der Konzessionen begrenzt. Zudem brauchen Sie eine solche Gaststättenerlaubnis, BEVOR Sie Ihr Gewerbe anmelden. Informieren Sie sich bitte umfassend bei den zuständigen Behörden und machen einen konkreten Plan, bevor Sie sich vertraglich binden, unnötig Zeit verplempern und bares Geld zum Fenster hinauswerfen!

#2: Kassensicherungsverordnung

Wie bereits erwähnt, ist die Schwarzarbeit und Steuerhinterziehung im Gastgewerbe leider immer noch ein ziemlich großes Thema, weshalb der Gesetzgeber in den vergangenen Jahren einige Schranken eingebaut hat, die es einzuhalten gilt. Deutschlandweit schreibt die Kassensicherungsverordnung vor, dass Kassensysteme in jedem Gastrobetrieb **innerhalb eines Monats beim jeweils zuständigen Finanzamt** angemeldet und mithilfe eines Sicherheitsmoduls technisch gesichert werden (TSE-Pflicht) müssen.

Kassensysteme mit inkludiertem TSE übertragen alle Daten via Schnittstelle (DSFinV-K) an das Finanzamt, protokollieren und speichern cloudbasiert alle Buchungen im Rahmen der gesetzlich vorgeschriebenen Aufbewahrungsfristen. Auf diese Weise werden sämtliche

Bestellungen, Rechnungen, Privatentnahmen etc. im Kassensystem unveränderbar gebucht, können also nachträglich nicht mehr bearbeitet (manipuliert) werden.

Im Übrigen gilt in diesem Zusammenhang derzeit (noch) die sogenannte **Belegausgabepflicht**. Sie müssen also Ihren Gästen jederzeit einen Beleg (Bon, Quittung, Kassenzettel) ausstellen können. Ob diese ihn haben wollen, ist dabei unerheblich.

#3: Hygienebestimmungen

Ebenfalls notwendig, bevor Sie so richtig durchstarten, ist die Hygiene-Erstbelehrung, die das Gesundheitsamt oder ein Amtsarzt durchführt. Die entsprechende Bescheinigung darf bei Ihrer Anmeldung für Konzession und Gewerbe **nicht älter als drei Monate** sein. Darüber hinaus sind alle Gründer*innen im Gastgewerbe, die keine entsprechende Ausbildung absolviert haben, dazu verpflichtet, einen Hygienekurs bei der IHK zu absolvieren.

Auf die HACCP-Regeln gehe ich weiter unten noch genauer ein, lassen Sie mich aber hier bereits feststellen: Jeder Winkel Ihres Gastrobetriebs ist ein Qualitätsmerkmal und damit Ihre Visitenkarte. Wenn die Toiletten schmutzig sind, das Interieur vernachlässigt wird, die Bausubstanz auf den ersten Blick schon Mängel aufweist und/oder das Personal ungepflegt wirkt, müssen Ihre Gäste davon ausgehen, dass auch sonst die

Hygiene kleingeschrieben und keine besondere Mühe verwendet wird. Sie werden nicht wiederkommen. Versprochen!

#4: Rechte und Pflichten für Gastronom*innen

Es wird Tage geben, an denen nicht immer alles perfekt läuft. Auch darauf sollten Sie vorbereitet sein und sowohl Ihre Rechte als auch Ihre Pflichten kennen, die u.a. das BGB vorschreibt. Was zum Beispiel hat der Gesetzgeber für den Fall vorgesehen, wenn ein Gast unzufrieden mit dem Essen ist?

Sie kennen das vielleicht aus dem Einzelhandel. Bestehen tatsächliche Mängel, hat der Verkäufer das Recht, diese Mängel zu beseitigen. Der Käufer wiederum muss dieses Recht gewähren und kann nicht einfach vom Kaufvertrag zurücktreten. So ähnlich verhält es sich auch, wenn ein Gast mit dem Essen unzufrieden ist, weil es mangelhaft zubereitet, also verbrannt, versalzen, zu kalt ist oder das falsche serviert wurde. Er muss Ihnen die Möglichkeit geben, diesen Fehler wiedergutzumachen. Sind Sie dazu nicht in der Lage, weil zum Beispiel Küchenschluss ist oder bestimmte Zutaten nicht mehr vorrätig sind, muss der Gast das Essen, und zwar ausschließlich das Essen, nicht bezahlen. Allerdings nur, wenn er den Mangel zeitnah nach dem Servieren erklärt. Isst er den Teller leer und beschwert sich erst dann, ist die **Mangelanzeige** unzulässig und Sie sind nicht verpflichtet, Ersatz zu leisten.

Sollte der Gast jedoch das Essen nur monieren, weil es ihm nicht schmeckt, ist er trotzdem zur Zahlung verpflichtet. Denn wie heißt es so schön? Über Geschmack lässt sich nicht streiten.

MEIN TIPP: Seien Sie behutsam im Umgang mit solchen Gästen, denn negative Bewertungen sind nicht selten die Folge, und die stehen im Netz, das niemals vergisst.

Bei gravierenden Mängeln, wie Ungeziefer oder Fremdkörpern im Essen, muss der Gast weder zahlen noch auf Nachbesserung warten. Hat er jedoch im Vorfeld Getränke oder weitere Speisen verzehrt, muss er dafür die Rechnung begleichen.

Sollten besagte **Fremdkörper** im Essen zu Verletzungen führen, etwa dass dem Gast ein Zahn abbricht, Rachen oder Verdauungstrakt in Mitleidenschaft gezogen werden, hat er Anspruch auf Schmerzensgeld und Schadensersatz, was er jedoch gerichtlich geltend machen und beweisen muss.

Im Falle einer nachgewiesenen **Lebensmittelvergiftung** sind Sie ebenfalls verpflichtet, Schadensersatz und Schmerzensgeld zu zahlen, zudem wird die zuständige Behörde (Gesundheitsamt, Ordnungsamt) informiert und im Rahmen der geltenden Hygienevorschriften werden Ermittlungen eingeleitet. Bei Verdacht ist übri-

gens jeder Gast befugt, mutmaßlich verdorbene Speise-
proben mitzunehmen und labortechnisch untersuchen
zu lassen.

Sollte Ihnen oder Ihrem Personal ein Fauxpas passieren und die Kleidung von Gästen verschmutzt oder be-
schädigt werden, haften Sie ebenfalls dafür, dass die
Kleidung professionell gereinigt oder ersetzt wird.

Kommt es zu unverhältnismäßig langen **Wartezeiten**
(länger als 45 Minuten), unzumutbaren Situationen (Ge-
stank, defekte Toiletten o.ä.), vergreift sich Ihr Personal
im Ton, haben Gäste das Recht, den mangelnden Service durch eine Preisminderung zu kompensieren.

In allen beschriebenen Fällen sollten Sie im Kontext
einer **Schadensbegrenzung** handeln, im besten Sinne
vorbeugen, ansonsten Ruhe bewahren, freundlich sein
und dem Gast eine umfassende Wiedergutmachung
vorschlagen. Handelt es sich jedoch um einen notori-
schen Störenfried, der gegebenenfalls bereits bekannt
für seine Schnorrer-Masche ist oder gar handgreiflich
wird, haben Sie das **Hausrecht** und können ihn entweder gewaltfrei auf die Straße setzen oder, und das ist
meistens sicherer, die Polizei rufen. Denn bei allen
Pflichten brauchen Sie sich nicht jeden Mist gefallen
lassen.

MEIN TIPP: Ich wünsche es Ihnen nicht, aber sollte
es doch einmal zu einem Tumult kommen, machen Sie

nie, und ich meine wirklich nie, vor Ihren Gästen jemanden aus Ihrem Team dafür verantwortlich. Werten Sie die Situation in einem persönlichen Gespräch aus und seien bei einem etwaigen Fehlverhalten gern konsequent, aber **beschützen Sie nach außen immer Ihre Leute!**

Auch beim Thema Reservierungen gibt es klare Regeln. Die erste lautet: **Jede Reservierung ist für beide Seiten bindend.** Die generelle Frist beträgt 30 Minuten. Erscheinen Ihre Gäste nicht, dürfen Sie den reservierten Tisch anderweitig vergeben. Aber erst NACH Ablauf der 30 Minuten. Halten Sie sich nicht an dieses Zeitfenster und die Gäste tauchen nach 29 Minuten auf, können diese wiederum Schadensersatz geltend machen, sofern kein gleichwertiger Ersatz möglich ist. In einem solchen Fall müssten Sie sowohl Fahrtkosten erstatten als auch einen möglichen Differenzbetrag, wenn das Restaurant nebenan teurer ist.

Umgekehrt gilt im Übrigen das Gleiche. Sie könnten bei Nichteinhaltung der Reservierung Schadensersatzansprüche stellen, nur ganz ehrlich: Welcher Wirt verklagt seine Gäste?

Na ja, bisweilen kann das tatsächlich nötig sein, wenn Personen im größeren Stil Reservierungen vornehmen, etwa für Hochzeiten, dann kurzfristig absagen oder gar nicht erscheinen und Sie auf sämtlichen Kosten sitzen bleiben. Seien Sie diesbezüglich bitte nicht naiv, verlangen Sie bei solchen Events wenigstens eine Anzahlung oder aber Vorkasse. Nicht jeder Gast ist Ihnen wohlgesonnen, behalten Sie das bitte im Hinterkopf. Auch beim Abkassieren größerer Gruppen verschwindet gern mal einer, wobei die anderen dann nicht verpflichtet sind, die geprellte Zeche zu übernehmen.

Als Unternehmer*in ist es Ihre Aufgabe, dafür zu sorgen, dass Rechnungen bezahlt werden – sowohl von Ihnen als auch von Ihren Vertragspartnern!

#5: Hausrecht, Gaststättengesetz & Co.

In Ihrem Gastrobetrieb haben Sie das Sagen und dürfen gewisse Regeln aufstellen, die von Ihrem Personal aber auch von Ihren Gästen eingehalten werden müssen. So steht es Ihnen beispielsweise frei, das Verzehren von mitgebrachten Speisen/Getränken zu erlauben oder aber zu verbieten. Ebenso dürfen Sie Personen ein Lokalverbot aussprechen, die durch fehlende Zahlungsmoral oder ungebührliches Verhalten auffallen, nicht jedoch wegen ihres Aussehens, ihrer Hautfarbe, Religion, Sexualität etc. Denn das **Hausrecht steht nicht über dem Grundgesetz** und dem BGB.

Etwas schwammiger wird es beim Gaststättengesetz, das Ländersache ist und deshalb regional unterschiedliche Vorschriften enthält. Wie viele Toiletten Sie je nach Schrankraumgröße bereitstellen und ob diese nach Geschlechtern getrennt werden müssen, erfahren Sie beim zuständigen Gewerbe- oder Bauamt. Grundsätzlich gilt:

Wer Speisen und alkoholische Getränke zum Verzehr in einem Gastrobetrieb größer als 50 Quadratmeter anbietet, ist verpflichtet, Gästetoiletten bereitzustellen. Als Gastwirt*in mit Hausrecht können Sie frei entscheiden, ob diese Gästetoiletten generell kostenfrei zu benutzen sind oder gegen Gebühr.

MEIN TIPP: Achten Sie bei der Auswahl des Standortes darauf, dass die Gewerberäume ausreichend Platz für mehrere barrierefreie Toiletten bieten oder diese bereits installiert sind. Außerdem wird Ihr Personal dankbar sein, wenn es über einen Pausenraum plus eigenes WC verfügen kann. Zudem gehören saubere Toiletten zwar eigentlich zum Standard, sind in der Realität aber oft das Stiefkind der Gastronomie. Machen Sie es bitte besser!

#6: Mehrwegpflicht

Seit 2010 und besonders seit Corona steigt der Verpackungsmüll weltweit. Laut Bundesumweltamt verursachte jeder Bundesbürger und jede Bundesbürgerin im Jahr 2021 unfassbare 236,7 Kilogramm Verpackungsmüll. Darauf muss reagiert werden, weshalb seit Januar 2023 Gastrobetriebe jeglicher Art, also auch und im Besonderen Take-Away- bzw. To-Go-Anbieter*innen, gemäß § 33 Absatz 1 Verpackungsgesetz zu Mehrwegalternativen verpflichtet sind. Kleine Gastrobetriebe mit weniger als 5 Mitarbeitenden und einer Verkaufsfläche unter 80 Quadratmetern sind bis auf Weiteres von der Mehrwegangebotspflicht ausgenommen. Das zuständige Ordnungsamt prüft die Einhaltung und kann Bußgelder bis zu 10.000 Euro verhängen.

MEIN TIPP: Schauen Sie bitte nicht, wie Sie diese Pflicht umgehen können. Handeln Sie im Sinne unserer Umwelt und verzichten, wenn möglich, generell auf Verpackungen aus Styropor, Alufolie und Kunststoff. Die recyclingfähigen Alternativen sind mittlerweile durchaus praktikabel und Mehrwegsysteme stetig umfangreicher und kostengünstiger verfügbar. GERDI ist in ihren GASTRO-STORIES auf das Thema Pool- und Pfandsysteme eingegangen und auch ich habe in meinem Praxishandbuch einige gute Tipps für Sie.

Kostenlose Informationen gibt es hier:
umweltbundesamt.de/publikationen
lebensmittelverband.de
esseninmehrweg.de

#7: GEMA, GEZ und Lizenzen

In der Gastronomie sind Sie zur Zahlung von GEMA-Gebühren gemäß Urheberrechtsgesetz (UrhG) und VGG, dem Gesetz über die Wahrnehmung von Urheberrechten und verwandten Schutzrechten durch Verwertungsgesellschaften, verpflichtet. Es sei denn, Sie spielen ausnahmslos gemeinfreie Musik von Künstler*innen, die seit mindestens 70 Jahren tot sind, die Urheberrechte also nicht durch eine Verwertungsgesellschaft (z. B. GEMA) vertreten und geschützt werden. Wie hoch die Gebühren sind, hängt von der Gastraumgröße, dem Wiedergabegerät und der Vertragslaufzeit ab (siehe Kasten weiter unten).

Eine Zahlung der GEZ-Gebühr, die seit ein paar Jahren übrigens Rundfunkbeitrag des ARD ZDF Deutschlandradio Beitragsservices heißt, ist generell Pflicht – unabhängig vom Wiedergabegerät. Wie viel Sie monatlich oder im Quartal zahlen müssen, hängt ebenfalls von der Größe Ihres Gastraums und darüber hinaus von der Anzahl Ihrer sozialversicherungspflichtigen Angestellten ab. Rechnen Sie in jedem Fall mit etwa 100 Euro im Monat.

Versäumen Sie die Anmeldung bei GEZ und GEMA nicht, denn kommerzielle und öffentliche Bereiche werden immer wieder stichprobenartig überprüft.

Auch das öffentliche Streamen von Musik, Filmen, TV-Sendungen oder Sport unterliegt anderen rechtlichen Bestimmungen als im Privatgebrauch. Wenn Sie Public

Viewings in Ihrem Gastrobetrieb veranstalten und beispielsweise Fußballspiele oder den Eurovision Songcontest übertragen wollen, brauchen Sie dafür eine jeweilige Lizenz. Das hört sich erst mal kompliziert an, ist es aber eigentlich nicht. Zur Fußball-EM 2024 hatte die GEMA mit der Bundesvereinigung der Musikveranstalter e.V. einen Sondertarif vereinbart.

MEIN TIPP: Informieren Sie sich bitte rechtzeitig! Aktuelle Hinweise, wie und warum Sie Gebühren zahlen, finden Sie auf rundfunkbeitrag.de und gema.de. Für die Anmeldung von Veranstaltungen wenden Sie sich an Ihre Stadt- oder Gemeindeverwaltung beziehungsweise an das für Sie zuständige Ordnungsamt.

#8: Kennzeichnungspflichten

Laut Lebensmittel-Informationsverordnung sind Sie verpflichtet, Allergene und Zusatzstoffe in Ihrem unverpackten Getränke- und Speisenangebot klar ersichtlich zu kennzeichnen. Davon ausgenommen sind Bezeichnungen wie „vegan" oder „bio", die nicht gesetzlich vorgeschrieben sind, aber durchaus freiwillig auf der Speisekarte oder generell in Ihrer Werbung verwendet werden dürfen.

Wer gewerblich Essen und Trinken zubereitet und verkauft, muss schon aus eigenem Interesse seinen Gästen Auskunft darüber geben, was drinsteckt. Denn laut Robert Koch-Institut leiden in Deutschland mehr als 23 Millionen Menschen an allergischen Erkrankungen. Die Chance, dass jemand bei Ihnen mit einer Allergie beispielsweise gegen Nüsse, Sesam oder Schalentiere zu Gast ist, steigt rapide. Und Sie wollen sicher nicht, dass diese Person in Ihrer gastronomischen Obhut einen anaphylaktischen Schock erleidet, der ohne schnelle medizinische Hilfe tödlich sein kann. Selbst mildere Symptome wie Juckreiz, Erbrechen, Durchfall oder Atembeschwerden aufgrund des Anschwellens der Schleimhäute sind weder für Ihre Gäste wünschenswert noch für Sie eine gute Werbung.

Ich könnte Ihnen jetzt im Detail aufzählen, welche 14 Hauptallergene es gibt, wie Zusatzstoffe definiert werden und was die gesetzliche Kennzeichnungspflicht auf der Speisekarte umfasst. Aber zum einen würden solche ausufernden Beschreibungen sowohl den Rahmen als auch den Sinn dieses Booklets sprengen, zum anderen können sich solche Regelungen auch schnell ändern, weshalb die sicherste Lösung darin besteht, den aktuellen Stand regelmäßig im Netz zu recherchieren. Die IHK gibt beispielsweise konkrete Auskunft auf ihrer Website www.ihk.de.

#9: Kennzeichnungspflichten/weitere Rechtsnormen
Ebenso kann ich Ihnen nur ans Herz legen, sich über die aktuellen Rechtsnormen in Bezug auf weitere Informationspflichten sowie Jugendschutz, Brandschutz, Ge-

sundheitsschutz, Arbeitsschutz, Datenschutz, Verbraucherschutz etc. zu informieren. All das ist Bestandteil Ihrer Ausbildung (gewesen) oder aber Inhalt im IHK-Kurs, den Sie im Rahmen Ihrer Gründung absolvieren müssen. Insofern ist es müßig, dieses Booklet mit solchen Informationen zu überfrachten, zumal meine Kompetenz als Coach nicht darin besteht, Ihnen eine umfassende Rechtsberatung zu geben. Vielmehr möchte ich Sie motivieren, schon allein aus Eigeninteresse am Ball zu bleiben, denn Ihr gutes Image hängt maßgeblich davon ab, wie gewissenhaft Sie sämtliche Rechtsnormen umsetzen.

WELCHE VERSICHERUNGEN SIND WICHTIG?

Tatsächlich wird beim Thema Versicherungen meist am falschen Ende gespart. Ich habe Gastronom*innen kennengelernt, die nicht mal krankenversichert, geschweige denn gegen Unfall und Berufsunfähigkeit abgesichert waren. Sobald es finanziell eng wird, stehen bisweilen sogar Beiträge zur Betriebshaftpflicht auf dem Prüfstand. Lassen Sie es so weit bitte nie kommen!

Schauen wir uns im Folgenden an, welche Versicherungen für Ihre Gründung erforderlich, welche für Sie beruflich aber auch privat notwendig, welche sinnvoll und welche durchaus verzichtbar sind.

Erforderlich ist die **Gesetzliche Unfallversicherung** (Berufsgenossenschaft) sowie eine **Betriebshaft-**

pflichtversicherung, welche für Personen-, Sach- und Vermögensschäden gegenüber Dritten aufkommt, die in Ihrem Gastrobetrieb durch Sie selbst oder Ihre Mitarbeiter*innen verursacht werden beziehungsweise durch technisches oder menschliches Versagen entstehen. Weiter oben bin ich auf etwaige Schadens- oder Schmerzensgeldansprüche (z.b. bei einer Lebensmittelvergiftung) Ihrer Gäste eingegangen. Unterschätzen Sie solche Forderungen nicht, die schnell im fünfstelligen Bereich liegen können. Zahlen Sie Ihre Beiträge für die Betriebshaftpflicht deshalb stets pünktlich.

Inkludiert ist hier (meist) eine **Umwelthaftpflicht- und Umweltschadenversicherung**, die für mögliche Umweltschäden aufkommt, die in Ihrem Gastrobetrieb verursacht werden könnten. Dazu gehören beispielsweise Schadstoffemissionen in der Luft oder Verunreinigungen im Boden oder Trinkwasser durch betriebliche Anlagen, Reinigungsmittel, Gefahrenstoffe oder Abfälle.

Die Beiträge berechnen sich nach der vereinbarten Deckungssumme, der Anzahl Ihrer Beschäftigten und der Höhe Ihrer (prognostizierten) Umsätze. Viele Versicherer bieten auf ihren Websites entsprechende Tools zur Beitragsberechnung an. Vergleichen lohnt sich, wobei Sie nicht das billigste Angebot nehmen und sich zudem für ein namhaftes Unternehmen entscheiden sollten, das schon länger am Markt ist.

Auch die **Privathaftpflicht** kann meist inkludiert werden. Generell bieten viele Versicherer Paketlösungen bei Sachversicherungen an, die durch Rabattierung durchaus Preisvorteile versprechen.

Sinnvoll ist eine **Geschäftsinhaltsversicherung**, die ähnlich wie eine Hausrat Ihre Einrichtung und Warenbestände gegen Schäden durch Einbruch, Diebstahl oder Feuer versichert. Auch Elementarschäden durch Sturm, Hagel oder Regen können mitversichert sein, wobei nach den jüngsten Überschwemmungen die Beiträge risikobedingt meist höher ausfallen. Auch in Regionen mit überproportional hoher Einbruchsquote müssen Sie, ähnlich wie bei privater Hausrat- oder KfZ-Versicherung, mit höheren Beiträgen rechnen.

Die Deckungssumme richtet sich nach Umfang und Wertigkeit Ihres betrieblichen Inventars/Equipments in Gastraum, Küche & Co. Berechnen Sie diesen Gesamtwert nicht leichtfertig, nur um ein bisschen beim Beitrag zu sparen. Im Schadensfall kann jeder Euro zählen.

Mit einer Ertragsausfallversicherung beziehungsweise **Betriebsunterbrechungsversicherung** decken Sie entgangene Gewinne und fortlaufende Betriebskosten (inklusive Gehälter/Löhnen), falls Ihr Gastrobetrieb durch äußere Umstände (z.B. Feuer, Ungeziefer, Krankheitserreger, Einbruch, Sachbeschädigung) oder Elementarereignisse (Hochwasser etc.) vorübergehend nicht arbeitsfähig ist. Ergänzend dazu gibt es noch eine **Betriebsschließungsversicherung**. Achten Sie aber im Hinblick auf die Beitragshöhe darauf, dass Sie nicht pauschal alles ab dem ersten Tag versichern, sondern reelle Risiken und längere Ausfallzeiten abwägen.

Absolut sinnvoll ist auch eine **Firmenrechtsschutz mit inkludiertem Mietrechtsschutz**, sofern Sie Ihren Gastrobetrieb gemietet haben oder mieten wollen. Die Firmenrechtsschutz bewahrt Sie vor hohen Anwalts- und Gerichtskosten im Zusammenhang mit Anzeigen und/oder Klageverfahren, die Gäste, Vertragspartner oder Mitarbeitende gegen Sie als Unternehmer*in anstreben. Private Rechtsstreitigkeiten werden davon übrigens nicht gedeckt.

Sollten Sie sich für eine Inventarversicherung entschieden haben, ist eine **Glasversicherung** nur sinnvoll, wenn in Ihrem Gastrobetrieb überproportional viel wertvolles Glas (Ceranflächen, Aquarien etc.) verbaut wurde. Glas in Fenstern und Türen sind in der Regel über die Gebäudeversicherung abgesichert, die Sie nur dann brauchen, wenn die Immobilie Ihnen gehört. Als gewerblicher Mieter oder Pächter können Sie also im Allgemeinen auf eine Glasversicherung verzichten.

Auch eine **Elektronikversicherung** für digitale Küchen- und Kassengeräte und eine **Transportversicherung** (nur sinnvoll bei Catering oder Lieferdienst etc.) sollten Sie je nach Gastrobetrieb eingehend prüfen, bevor Sie Verträge unterschreiben, die im Zweifel unsinnig sind und nur Geld kosten.

Um konkret den Bedarf für Ihren Gastrobetrieb ermitteln und Ihre berufliche Existenz bestmöglich absichern zu können, brauchen Sie beziehungsweise der Versicherungsberater Ihres Vertrauens eine umfassende Expertise, die Bestandteil Ihres Businessplans sein und in regelmäßigen Abständen aktualisiert werden sollte.

✓ **FAZIT:** Das Versicherungsmanagement gehört in die Planungsphase Ihrer Existenzgründung. Machen Sie sich bitte unbedingt im Vorfeld schlau, welche Versicherungen Sie brauchen, welche zu Ihnen und Ihrer Geschäftsidee passen und wie viel es Sie heruntergerechnet auf den Monat kostet. Und **vergessen Sie bitte Ihre privaten Versicherungen nicht**. Dazu gehören mindestens eine Krankenversicherung und eine ausreichende Vorsorge fürs Alter. Auch wenn Sie noch jung sind und denken, die Rente ist noch lange hin: Je früher Sie anfangen, desto niedriger werden Ihre Beiträge sein.

Holen Sie sich Angebote von verschiedenen Versicherern, vergleichen Sie und nutzen die Vorteile der rabattierten Paketvariante!

WAS IST HACCP?

Als Gastronom*in sollte es Ihnen ein Anliegen sein, Ihren Gästen einwandfreie Lebensmittel zu servieren, zu denen übrigens auch Getränke gehören. Aber es ist auch Ihre vom Gesetzgeber vorgeschriebene Pflicht, die Hygienestandards jederzeit und überall einzuhalten.

Nicht nur in der Küche, sondern generell im Gastrobetrieb – vom Freisitz bis ins Warenlager.

Diese Standards sind in der Lebensmittelhygieneverordnung und dem Infektionsschutzgesetzt geregelt und schreiben vor, wie die Lebensmittelsicherheit in Deutschland gewährleistet werden kann. Natürlich ist Bürokratie immer etwas, worüber wir die Nase rümpfen, wovon wir uns belästigt fühlen – und bisweilen stimmt das sogar. In puncto Hygiene sollte es allerdings keine Kompromisse, keine Wischiwaschi-Lösungen geben, weshalb Sie bitte das HACCP-Konzept bitte keinesfalls als Gängelei verstehen, sondern als eine normative Strategie, die Ihnen hilft, Ihre Gäste nicht in Gefahr zu bringen und sich selbst sowohl vor etwaigen Missgeschicken als auch deren rechtlichen und zudem geschäftsschädigenden Konsequenzen zu schützen.

HACCP steht für Hazard Analytics and Critical Control Points, was im Deutschen so viel heißt wie: Gefahrenanalyse und kritische Kontroll-, Steuerungs- oder Lenkungspunkte. Entwickelt wurde dieses Konzept übrigens bereits in den 1960er-Jahren, seinerzeit für sichere Astronautennahrung. Seit 2006 ist die Verpflichtung zu HACCP eine europäische Rechtsnorm gemäß EG-Verordnung Nr. 852/2004, wonach jedes Unternehmen, das mit Lebensmitteln arbeitet, ein Konzept erstellen muss, das die Einrichtung, Durchführung, Aufrechterhaltung und Anpassung eines individuellen Eigenkontrollsystems vorsieht.

Für Sie als Gastronom*in ist die HACCP in Form einer schriftlichen Dokumentation zur Lebensmittelsicherheit verpflichtend, was einschließt, dass Sie gegenüber den zuständigen Behörden jederzeit Nachweise erbringen müssen, sobald Sie dazu aufgefordert werden.

Die 7 HACCP-Grundsätze:
Das hört sich erst mal nach viel an, ist es aber eigentlich nicht, wenn Sie Ihr Qualitätsmanagement ernst nehmen und sorgfältig führen. Die HACCP-Richtlinien bestehen aus den wie folgt aufgeführten 7 Grundsätzen, nach denen Sie individuell Ihr eigenes Konzept erstellen, um rechtlich einwandfrei zu gewährleisten, dass Ihr Speisen-/Getränke-Angebot weder eine gesundheitsschädliche/lebensgefährliche Keimbelastung noch Fremdkörper enthält, die Ihre Gäste verletzen könnten.

1. Gefahrenanalyse
2. Kritische Hotspots
3. Grenzwerte
4. Kontrollmaßnahmen
5. Korrekturmaßnahmen
6. Verifizierungsverfahren
7. Dokumentation

Welche Gefahren gibt es überhaupt und wie können Sie diese im Sinne der EU-Lebensmittelhygiene-Verordnung vermeiden oder wenigstens auf ein zumutbares Maß reduzieren? Wo befinden sich in Ihrem (zukünftigen) Gastrobetrieb kritische Hotspots und mit welchen Maßnahmen können Sie diese kontrollieren? Wie lassen sich die Maßnahmen rechtskonform verifizieren, transparent dokumentieren und nachhaltig in Ihren Gastro-Alltag implementieren?

#1: Gefahrenanalyse

Machen Sie sich bewusst, dass jedes Lebensmittel und jeder Ort in Ihrem Gastrobetrieb gesundheitsgefährdend sein kann. Nicht nur verdorbener Fisch enthält krankmachende Keime, auch nachlässig gereinigte Kühlschränke, Schneidebretter, Messer, Arbeitsflächen und die Hände Ihrer Mitarbeitenden. Prüfen Sie jeden Arbeitsablauf, bevor sich falsche Routinen einschleichen.

- Wird das Gemüse gründlich gewaschen, von etwaigen Pestiziden, Insekten, Fremdkörpern befreit?
- Wie werden Fisch, Fleisch, Eier- und Milchprodukte gelagert?
- Wo und wie entstehen überhaupt schädliche Mikroorganismen?
- Wie hoch ist eigentlich die Wahrscheinlichkeit, dass sich Ihre Gäste mit Salmonellen, Staphylococcus aureus, Escherichia coli, Listerien, Campylobacter oder dem Norovirus infizieren?

Statistische Wahrscheinlichkeiten sind übrigens kein Firlefanz, sondern Bestandteil der wissenschaftlichen Stochastik! Nur mal so als Fun-Fact.

Auch wenn Sie keine tierischen Produkte anbieten, bedeutet das keinesfalls, die Hygiene auf die leichte Schulter zu nehmen. Die Gefahr steckt im Detail! Das Bundesamt für Verbraucherschutz und Lebensmittelsicherheit warnt immer wieder vor einem übermäßigen **Keimbefall in Eiswürfeln**. Ja, in Eiswürfeln!

Seit über dreißig Jahren bin ich im Gastrobereich tätig und seit über dreißig Jahren steht regelmäßig in der Presse, dass bei Stichproben quer durch Europa mehr Keime in Eiswürfeln als in Toiletten gefunden wurden. Denn entgegen der landläufigen Meinung können bestimmte Bakterien und Viren sehr wohl niedrige Temperaturen im Minusbereich überleben und sich in Kühl- und Eisfächern schamlos vermehren.

Schauen Sie also genau hin und beantworten die folgenden Fragen in Vorbereitung auf Ihre individuelle HACCP-Strategie bitte mit der nötigen Ernsthaftigkeit:

Wo sehe ich Gefahren in meinem Gastrobetrieb?

_____

_____

_____

_____

_____

#2: Kritische Hotspots

Sobald Sie herausgefunden haben, wie gesundheitsschädliche Keime entstehen und wo konkrete Gefahren durch mangelnde Hygiene, Verunreinigung und Fremdkörper lauern, gilt es zu entscheiden, wie Sie damit umgehen, bestenfalls vorbeugen und die Gefahren auf ein Minimum reduzieren. Dafür muss jeder Arbeitsablauf in Küche und Service systematisch geprüft werden. Und das nicht nur einmal, sondern immer wieder!

- Wo und wie werden Lebensmittel eingekauft, angeliefert und gelagert?
- Welche Möglichkeiten bestehen, Keime abzutöten?
- In welchen Abständen wird im Warenlager eine Inventur gemacht?
- Wann werden sämtliche Geräte/Flächen zur Kühlung, Aufbewahrung, Zubereitung und Entsorgung hygienisch einwandfrei gereinigt?

Was sind die kritischen Kontrollpunkte bei uns?

_____

_____

_____

_____

_____

#3: Grenzwerte

Auch hier gilt keinesfalls das Phi-mal-Daumen-Prinzip. Die Natur legt die Regeln fest, bei wie viel Grad Celsius Keime sich vermehren oder sterben. Egal, ob Sie Steaks, Salate, Suppen oder Desserts anbieten, ob im Foodtruck, Sterne-Restaurant oder in der Kneipe: Sämtliche Lebensmittel haben individuelle Solltemperaturen für die Lagerung, Zubereitung und Ausgabe. Hier einige verkürzte Beispiele für die Kühl-/Gefrier-Lagerung:

- Tiefkühlware: -18 °C bis -15 °C
- Geflügel, Wild, Fleisch, Hackfleisch: +5 °C
- Fisch: +2°C
- Speiseeis: -10 °C

MEIN TIPP: Kühl-/Gefrier-Temperaturen sollten übrigens täglich gemessen und protokolliert werden. Auch die Beschaffenheit der Produkte ist regelmäßig zu prüfen. Beschädigungen in der Verpackung etwa können gekühlte oder gefrorene Lebensmittel ungenießbar machen und andere kontaminieren!

#4: Kontrollmechanismen

Um sicherzustellen, dass während der gesamten Produktionskette – vom Einkauf über die Zubereitung bis zum Servieren – die entsprechenden Parameter zur Lebensmittelsicherheit eingehalten werden, müssen Sie ebendiese kennen und regelmäßig kontrollieren. Auf wie viel Grad Celsius darf Fleisch, Fisch, Gemüse erhitzt, wie kühl müssen Eier- und Milchprodukte gelagert werden? **Haben Sie ausreichend Thermometer?**

MEIN TIPP: Beachten Sie bereits bei der Planung Ihrer Küche und Ihres Servicebereiches, wann und wie Sie die zuvor ermittelten Parameter in Bezug auf Temperatur und Hygiene prüfen. Erstellen Sie für Ihren Gastrobetrieb passende Kontrollmaßnahmen in Form von Checklisten, denn **die Dokumentation ist Pflicht.** Und schulen Sie unbedingt Ihr Personal!

Wo installiere ich Checklisten in meinem Gastrobetrieb?

_____

_____

_____

_____

_____

#5: Korrekturmaßnahmen

Auch wenn Sie gewissenhaft planen und sich vornehmen, sämtliche Arbeitsabläufe in Ihrem Gastrobetrieb hygienisch einwandfrei zu realisieren und zu dokumentieren, gehört in ein umfassendes HACCP-Konzept auch das Worst-Case-Szenario. Was passiert, wenn Lebensmittel kontaminiert sind? Welche spezifischen Maßnahmen sind in welchem Zeitrahmen zu ergreifen, um das Problem unmittelbar zu lösen?

Was kann wo schlimmstenfalls passieren und wie reagiere ich darauf?

_____

_____

_____

_____

_____

#6: Verifizierungsverfahren

Vertrauen ist gut, Kontrolle ist besser. Aber wer prüft die Kontrollmechanismen? Wie genau sind Ihre Messungen und Aufzeichnungen? Das Verifizierungsverfahren ist quasi Ihr Airbag, es stellt doppelt sicher, dass sämtliche Maßnahmen zur Einhaltung der Lebensmittelsicherheit auch dauerhaft funktionieren. Dazu gehört als regelmäßige Routine sowohl die Kontrolle aller Parameter, der Dokumentation und Durchführung als auch die Kalibrierung Ihrer Messgeräte.

Welche Kontrollmechanismen werde ich installieren?

_____

_____

_____

_____

_____

#7: Dokumentation

Nicht nur für den gelegentlichen Besuch des Gesundheitsamtes, sondern für Sie ganz persönlich, Ihren guten Ruf als Gastronom*in und letztlich Ihre berufliche Existenz und die Ihrer Mitstreiter*innen ist eine transparente Dokumentation wichtig. Auf der Website der IHK finden Sie kostenlose Vorlagen für HACCP-Checklisten von der Wareneingangskontrolle über Lagerung, Kühl-, Erhitzungs- und Ausgabetemperaturen bis hin zu Reinigung/Desinfektion und Schädlingsbekämpfung inklusive aller relevanten Parameter sowie Prüfpläne und Formulare zur HACCP-Dokumentation.

Welche Form der Dokumentation ist für mich sinnvoll?

_____

_____

_____

_____

MEIN TIPP: Im Weiterbildungsinformationssystem der IHK www.wis.ihk.de finden Sie unter dem Stichwort HACCP entsprechende Seminare, die regional vor Ort oder aber online durchgeführt werden. Der DEHOGA bietet mit **Q4me** ein cloudbasiertes digitales Qualitätsmanagementsystem per App für eine mtl. Lizenzgebühr im dehoga-shop.de.

Abschließend möchte ich Ihnen gern noch **allgemeine Tipps zur Hygiene in der Gastro** mit auf den Weg geben. Auch wenn Sie, und davon gehe ich aus, entsprechende Seminare besucht haben und vollumfänglich in Bezug auf die HACCP-Regeln sowie sämtliche Vorschriften zur Lebensmittelsicherheit informiert sind, kann man bestimmte Grundsätze gar nicht oft genug wiederholen. Denn in der Praxis erlebe ich leider allzu häufig, dass diese Essentials unseres Geschäfts vernachlässigt werden. Beispielsweise die **Unterteilung der Gastro-Küche in reine/unreine Bereiche**. Falls Sie noch ganz am Anfang stehen, können Sie dieses absolut notwendige Feature direkt in Ihre Planung miteinbeziehen, um die HACCP-Regeln einzuhalten und das Risiko einer Kontaminierung von Lebensmitteln durch gesundheitsschädliche Keime so gering wie möglich zu halten.

Sorgen Sie bei der Konzeptionierung Ihres Gastrobetriebs für **Sicherheitsbarrieren**, also strikte Arbeitsabläufe und eine räumliche Trennung, die dafür sorgen, dass etwaige Keime sich nicht ausbreiten können. Wenn Ihr Küchenpersonal beispielsweise die gelieferte Ware auf der Straße annimmt, direkt ins Lager schafft, zwischendurch noch eine raucht und sich dann direkt wieder an den Herd stellt, kann das zu unnötigen Risiken führen. Ebenso wenn in einem Arbeitsgang Fleisch zerlegt, Fisch filetiert, Gemüse gewaschen und im Anschluss unmittelbar am selben Ort zubereitet wird.

Trennen Sie unbedingt sowohl personell als auch räumlich in ...

nicht-saubere Arbeitsprozesse:
- Warenlieferung und -lagerung
- waschen, schälen, Vorbereitung (Gemüse)
- auftauen, zerlegen, filetieren (Fleisch/Fisch)
- spülen, reinigen (Geschirr, Arbeitsflächen, Geräte)
- sammeln, sortieren und beseitigen von Abfällen

saubere Arbeitsprozesse:
- Zubereitung von Speisen (kochen, garen, grillen etc.)
- Portionieren und Speisenausgabe
- Bevorratung fertiger Speisen (Kühlung/Warmhaltung)
- Bereitstellung des sauberen Bestecks/Geschirrs etc.

Unbedingt erforderlich sind separate Spül-/Ausguss- und Handwaschbecken sowie gesonderte Schneidebretter, Messer, Löffel, Küchengeräte und Flächen, die nach jedem Arbeitsgang systematisch gereinigt werden sollten. Auch die Reinigungsutensilien selbst, wie beispielsweise Lappen, müssen prozessabhängig getrennt sowie regelmäßig desinfiziert und entsorgt werden.

Achten Sie an jeder Stelle und zu jeder Zeit auf die Einhaltung sämtlicher Hygienemaßnahmen, prüfen Sie in einem festgelegten Zeitplan alle Kontrollmechanismen und seien Sie bitte niemals zimperlich bei etwaigen Verstößen. **Denn am Ende tragen Sie allein die Verantwortung für die Gesundheit Ihrer Gäste und die Zukunft Ihres Unternehmens.**

MEIN TIPP: Nutzen Sie **Farbkonzepte** für die tägliche Routine in Bezug auf Warengruppen, Arbeitsflächen/-utensilien und Reinigungsmittel. Wählen Sie beispielsweise blaue Schneidebretter, Messergriffe und Lappen für Geflügel, rote für Fleisch, gelbe für Fisch, grüne für Gemüse etc. Markieren Sie einzelne Zonen farblich durch entsprechendes Interieur, mit Aufklebern etc. Und seien Sie bitte streng zu sich selbst und Ihrem Team bei der Umsetzung aller Reinigungs- und Desinfektionspläne sowohl in der Küche als auch im Warenlager, Servicebereich und auf den Toiletten. Auch hierzu gibt es kostenlose Vorlagen bei der IHK online.

LAST BUT NOT LEAST: SCHULEN SIE IHR PERSONAL!

Ein irgendwann mal ausgestelltes Gesundheitszeugnis bietet keine Sicherheit, dass der- oder diejenige für alle Zeit auf dem aktuellen Stand der Hygienevorschriften ist. **Regelmäßige Belehrungen nach § 43 Infektionsschutzgesetz sowie Hygiene-Schulungen gemäß § 4 Lebensmittelhygieneverordnung sind bundesweit Pflicht in der Gastronomie** – nicht nur für Sie, sondern für alle in Ihrem Unternehmen tätigen Mitarbeiter*innen. Gerade beim offenen Umgang mit Lebensmitteln, zu dem sowohl die Zubereitung als auch das Servieren zählt, gilt neben der Hygiene auch ein **striktes Tätigkeits- und Beschäftigungsverbot** bei etwaig ansteckenden und entzündlichen Krankheiten wie beispielsweise Cholera oder Hepatitis. Die Erst-Belehrung erfolgt inklusive Nachweis durch einen vom Gesundheitsamt beauftragten Arzt vor Beginn der Tätigkeit. Im Anschluss dürfen/müssen Sie selbst **alle zwei Jahre die pflichtgemäße Folge-Belehrung** durchführen und dokumentieren. Legen Sie hierzu für jeden Mitarbeitenden eine Liste an, aus der hervorgeht, wann er oder sie belehrt/geschult wurde. Eine entsprechende kostenlose Vorlage stellt beispielsweise die IHK Reutlingen zur Verfügung. Zudem gibt es zahlreiche Videos zur Folge-Belehrung im Netz und sowohl der DEHOGA als auch die IHK bieten in jedem Bundesland Hygiene-Schulungen an.

Informieren Sie sich bitte VOR dem Start Ihrer Gastro-karriere und der Personalsuche bei dem für Sie zuständigen Gesundheitsamt oder auf der Website des RKI; gegebenenfalls kann auch Ihr Hausarzt weiterhelfen.

CHECKLISTE

- Habe ich die Erst-Belehrung gemäß § 43 Infektions-schutzgesetz bereits absolviert?
- Wann besuche ich die Hygiene-Schulung gemäß § 4 Lebensmittelhygieneverordnung?
- Wo finde ich Videos für die Folge-Belehrungen?
- Was ist HACCP?
- Welche Checklisten brauche ich?
- Wozu ist die Lebensmittelsicherheit nötig?
- Wann starte ich die Gefahrenanalyse?
- Was sind kritische Kontrollpunkte?
- Wie kann ich Kontrollmechanismen überprüfen?
- Welche gesundheitsschädlichen Keime gibt es?
- Was sind reine/unreine Arbeitsbereiche?
- Wo hänge ich Reinigungs-/Hygienepläne auf?
- Ist das Farbkonzept etwas für meinen Gastrobetrieb und wie setze ich es konkret um?
- Kann ich mein Personal allein schulen, wo bekomme ich Hilfe?

SIND SIE BEREIT FÜR DIE ERÖFFNUNG?

ERÖFFNUNG

Der große Tag der feierlichen Eröffnung ist Ihr Aushängeschild und der offizielle Startschuss in Ihre gastronomische Zukunft. **Ihr Personal Day!** Wer beim Opening spart, hat eigentlich schon verloren. Treffen Sie also bitte genau ins Schwarze, denn ob Ihnen jemals eine zweite Chance geboten wird, weiß nur der Wind.

GEBEN SIE ALLES!

Weder billige Flyer noch billiger Wein machen potenzielle Gäste neugierig oder ermuntern gar zum Wiederkommen. Und nichts ist peinlicher, als in der Anfangsphase vor leeren Tischen zu stehen. Ganz zu schweigen vom Motivationsbarometer, das schnell und erbarmungslos in den Keller fallen kann. Bei der Eröffnung geht es nicht um Sonderangebote und Ramschverkauf. An Ihrem Personal Day sollten Sie sich von Ihrer besten Seite zeigen und Ihren Gastrobetrieb als das präsentieren, was er zukünftig sein soll.

Das Opening ist keine Privatparty. Es dient vielmehr dazu, Ihren Wettbewerbern und potenziellen Gästen zu zeigen: Das bin ich. Das ist meine Idee. Das möchte ich euch bieten.

SEIEN SIE EXKLUSIV UND KREATIV!

Die Eröffnung soll für Ihr Umfeld, Ihren Standort ein unvergessliches Event sein, zu dem Sie natürlich auch Freunde, Familie, Unterstützer*innen einladen können. Aber eben nicht nur. **Denken Sie größer!** Laden Sie den Bürgermeister oder die Bürgermeisterin ein, Vertreter der Gemeinde- oder Stadtverwaltung, Ihren Hausarzt, die Lehrer*innen Ihrer Kinder, den jungen Mann an der Großmarktkasse, die freundliche Dame aus der Bank oder dem Yogastudio. Suchen Sie nach aufstrebenden Künstler*innen im näheren Umkreis, nach prominenten Sportler*innen, Stars und Sternchen. Informieren Sie die Presse! Ja, genau. **Nur keine falsche Bescheidenheit, Sie haben etwas zu bieten!**

Was genau war das noch gleich?

Wer bin ich? Was habe ich zu bieten?

_____

_____

_____

_____

Präsentieren Sie sich selbstbewusst mit jener Exklusivität, die Ihrem USP entspricht. Werben Sie während der Eröffnung mit einer reichhaltigen Auswahl Ihres Angebots in Probiergrößen. Verführen Sie Ihre Gäste mit genau dem Lifestyle, den Ihr Gastrobetrieb ab sofort vertritt. Finden Sie die passende Musik, bestenfalls als Live Act. Lassen Sie Ihre Lieferanten zu Wort kommen, wenn Regionalität zu Ihrem Alleinstellungsmerkmal gehört. Verbinden Sie Ihre Eröffnung mit einer Buchlesung, einer Vernissage oder Weinverkostung, sofern das zu Ihrer Zielgruppe passt. Sind Sie eher beim Skat oder Fußball zu Hause? Dann veranstalten Sie ein Turnier und laden die umliegenden Vereine ein.

Auch Vertrags- und Kooperationspartner, Handwerker oder vielleicht sogar die Vertreter der Konkurrenz sollten auf Ihrer Gästeliste stehen. Denn sie alle könnten sich als wertvolle Multiplikatoren erweisen.

SIE HABEN NUR DIESE EINE CHANCE

Sorgen Sie für eine angenehme Atmosphäre und lassen Sie sich den Stress der vergangenen Wochen/Monate nicht anmerken. Wie das geht? Machen Sie eine Pause vor der Eröffnung, die haben Sie und Ihr Team sich verdient. Veranstalten Sie einen gemeinsamen Wellnesstag oder ein Picknick im Grünen. Atmen Sie in jedem Fall tief durch, bevor der Trubel beginnt.

Bauliche Maßnahmen sollten abgeschlossen und das Warenlager gut gefüllt sein. Vereinfachen Sie beim Opening den Service durch ein Flying-Buffet und stets volle Gläser. Begrüßen Sie jeden Gast persönlich, schenken Sie Genuss und Wohlbehagen.

MEIN TIPP: Basteln Sie Ihr Werbematerial nicht allein am Küchentisch, sondern überlassen Sie diese wichtige Aufgabe einem Profi. Denn Ihr Unternehmen ist keine Privatangelegenheit.

7 FAILS BEIM OPENING

Worauf konkret müssen Sie achten, welche Fehler sollten Sie unbedingt vermeiden? Im Folgenden habe ich die wichtigsten Fails bei der Eröffnung zusammengetragen und hoffe, Ihnen damit abschließend helfen zu können, sodass Ihr Start ein voller Erfolg wird.

#1: Zeitplan

Ich weiß, wie schnell im Bauch die Hummeln summen, weil man endlich loslegen will. Wenn es Ihnen auch so geht: Glückwunsch! … und VORSICHT! Sie ist die Mutter der Porzellankiste, und davon könnte einiges zerschlagen werden, falls Sie dem Unvorhergesehenen zu wenig Aufmerksamkeit beimessen. Ist Ihr Zeitplan auf Kante genäht, enthält er keinen Puffer, keinen Raum für kurzfristig auftretende Eventualitäten, kann Ihr Start zum Reinfall werden. Wollen Sie das?

Immer wieder höre ich von Gastro-Gründer*innen: *Ach, so schlimm wird das nicht. Dann improvisieren wir eben.* Ja, die Improvisation ist ein durchaus kreatives

Feature im Gastro-Alltag, wenn mal etwas fehlt. Nur sollte dieser Mangel nicht pauschal einkalkuliert werden. Das wäre ungefähr so, als würden Sie auf dem Snowboard halbnackt den Berg runterfahren und das Risiko in Kauf nehmen, sich eine Lungenentzündung zu holen. Als Teenager kann man das machen. Sie aber sind ab sofort Unternehmer*in und tragen Verantwortung für sich selbst, Ihr Team und etwaige Geldgeber.

Gehen Sie deshalb sorgsam mit der Zeit um. Etwa 80 Prozent aller Star-ups scheitern in den ersten drei Jahren. Die Hauptgründe dafür sind: schlechte Vorbereitung, zu wenig Erfahrung, zu wenig Geld.

Sie könnten jetzt argumentieren: *Na ja, je länger ich mit der Eröffnung warte, desto mehr Geld kostet mich die Gründungsphase ohne Einnahmen.* Richtig. Wird die Eröffnung jedoch ein Flop, weil Sie zu ambitioniert, zu ungeduldig sind, werden Sie weit mehr Geld verlieren.

Planen Sie die Zeit als wichtigen Faktor, als Investition mit ein. Sorgen Sie für ausreichend zeitlichen und finanziellen Puffer bei allen Gewerken im Gründungsprozess. Das Gesundheits-, Gewerbe- und Bauamt wartet nicht auf Sie. Und mit dem Antrag ist es nicht getan, bisweilen warten Sie Monate auf die Bewilligung. Handwerker sind derzeit verdammt schlecht zu bekommen, gutes Personal ebenfalls. Sie könnten krank werden oder jemand in Ihrem persönlichen Umfeld. Kurzum: **Es sind viele Variablen in Ihrer Gleichung, die Sie nicht einfach ausklammern können.**

Erst wenn die Behördengänge hinter Ihnen liegen, Sie alle nötigen Papiere beisammen haben, die Finanzierung steht, Ihr Standort erschlossen ist, sämtliche Umbau- oder Renovierungsmaßnahmen abgeschlossen sind, können Sie einen Termin für die Eröffnung bestimmen und entsprechende Werbung vorbereiten.

ABER!

- Sobald Sie einen Termin bestimmt haben, legen Sie noch vier Wochen drauf! Vertrauen Sie mir, das ist definitiv besser.
- Bevor Sie nicht absolut sicher sind, bleiben Sie vage in der Terminankündigung. Werben Sie mit „Eröffnung im Herbst" oder „Opening im April" oder „Coming soon …"
- Lassen Sie sich niemals von etwas anderem als konkreten Fakten leiten, auch wenn mögliche Zahlenkombinationen beim Datum hübsch aussehen oder ein Ihnen besonders nahestehender Mensch vorschlägt, die Eröffnung auf einen bestimmten Tag zu legen. **Aberglaube und Romantik sind schlechte Ratgeber im harten Business Gastronomie!**

#2: Konzept

Auf den vorangegangenen 160 Seiten habe ich mich bemüht, Ihnen die essenzielle Wertigkeit eines umfassenden Konzepts darzulegen. Sollten Sie immer noch der Meinung sein, dass schon irgendwie alles gut werden wird: Lassen Sie es und schenken dieses Buch einer Person, die es wirklich ernst meint!

Etwa die Hälfte aller Gastro-Gründungen scheitern im ersten Jahr. Kaum jemand spricht darüber, nur die wenigsten wissen, was sie falsch gemacht haben. Am Ende sind immer die anderen schuld, der Staat, die Umstände, das fehlende Geld. Aber die gesetzlichen Rahmenbedingungen sind für alle gleich, 7 oder 19 Prozent Mehrwertsteuer spielen keine Rolle. Ihre Naivität wird Sie in den Ruin treiben!

Erfolgreiche Unternehmer*innen verfügen über mehr als nur Mut und Zweckoptimismus. Sie arbeiten jeden Tag, jede Minute entschlossen an ihrem Konzept, ihrem Plan für die Zukunft. Und dieser Plan umfasst konkrete Zahlen, Daten, Fakten, eine ausführliche Analyse der Standortbedingungen, rationale Einschätzungen in Bezug auf Ressourcen und Qualität sowie eine objektive Selbstreflexion. Der Businessplan, der Finanzplan, ein professionelles Personal- und Hygienemanagement und ein weitreichendes Marketingkonzept sind mehr als nur irgendwelche Statistiken für irgendwen. Sie sind die Basis für Ihr Geschäft.

Vergeuden Sie also bitte keine Zeit mit Ausreden, setzen Sie sich jetzt hin und planen Ihre berufliche Zukunft mit der nötigen Entschlossenheit und Liebe zum Detail!

#3: Weitblick

Mit allem, was Sie haben, streben Sie auf die Eröffnung zu. Doch sie ist nicht das Ziel, sondern der Start. Ich wünsche Ihnen von Herzen gutes Gelingen, warne Sie jedoch davor, sich am Morgen danach einfach auszuruhen. Erst dann beginnt Ihre eigentliche Unternehmung, denn das Ziel ist, sowohl Qualität als auch Umsätze auf lange Sicht beizubehalten. Falls sich Ihr Konzept also bisher ausschließlich mit der Eröffnung befasst, lesen Sie die vorherigen Kapitel und planen die nächsten drei bis fünf Jahre. Erweitern Sie unbedingt Ihren Fokus auf diesen Zeitraum, beachten Sie die folgenden Punkte und handeln ab sofort mit dem nötigen Weitblick!

- Anlaufphase nicht unterschätzen, finanziellen Puffer bereitstellen!
- Marketingaktivitäten inkl. Budget mindestens ein Jahr im Voraus planen!
- Kosten (vom Personal bis zur Serviette) gewissenhaft kalkulieren!
- Standortbedingungen/Marktkennzahlen analysieren!
- Tagesgeschäft strukturieren, Fehler kompensieren!
- Gewinn/Verlust sowie Angebot/Preise regelmäßig prüfen!
- Qualität und Hygiene täglich kontrollieren!
- Geschäftsvorgänge dokumentieren!
- Auf etwaige Mängel sofort reagieren!

Das klingt nach viel Arbeit. Ja, und kein seriöser Berater würde behaupten, dass es einfach wird. Ich wiederhole mich hier gern: Ihre oberste Pflicht ist es, liquide zu bleiben. Und dazu gehört, jeden Tag zu erkennen, was in Ihrem Gastrobetrieb funktioniert und was nicht. Warten Sie nicht, bis sich Fehler einschleichen und irgendwann der Schlendrian regiert. Sie und sonst niemand hat es in der Hand, Ihren Gästen das zu bieten, was diese wünschen und wofür sie bereit sind, Geld auszugeben.

#4: Marketing

Wenn Sie Ihre Zielgruppe kennen und wissen, wo Sie diese erreichen, ist Werbung das Resultat Ihres professionellen Marketings. Sorgen Sie für eine ansprechende Website, die nötigen Einträge in Suchmaschinen und Restaurantportalen und präsentieren Sie sich und Ihren Gastrobetrieb sowohl in den sozialen aber auch in den lokalen Medien. Denn Sie brauchen vorwiegend Gäste, die vor Ort sind, in der Nähe arbeiten oder wohnen.

- Werben Sie mit regionalen Hashtags im Netz und analogen Marketingkampagnen!
- Planen Sie die Kosten von Anfang an in Ihr Budget mit ein, und zwar langfristig!
- Erkunden Sie Ihren Standort und finden analoge Möglichkeiten, mit Bannern, Postern, Flyern oder Anzeigen Ihren Gastrobetrieb bekannt zu machen!

- Stellen Sie sowohl Ihre Stärken als auch die Bedürfnisse Ihrer Zielgruppe in den Mittelpunkt jeder Werbestrategie!
- Werben Sie regelmäßig und proaktiv, nicht erst dann, wenn die Umsätze zurückgehen!
- Analysieren Sie jede Marketingaktivität und nutzen perspektivisch nur, was auch Umsätze generiert!

#5: Organisation

Die Eröffnung ist quasi die Generalprobe für alle Tage, die danach kommen. Das klingt banal, aber im Kontext des Weitblicks können Sie erst während der Eröffnung unter realen Bedingungen testen, was zukünftig funktioniert und wo Verbesserungsbedarf besteht. Aber: Um die Risiken für ein mögliches Chaos und die darauffolgende Katerstimmung gering zu halten, ist eine umfassende Organisation respektive Vorbereitung essenziell. Sie erinnern sich, mit dem Snowboard halbnackt den Berg heruntersausen, ist keine Option. Machen Sie sich im Vorfeld konkrete Gedanken darüber, was Sie brauchen und wie Sie es bekommen:

- Welche Gäste bringen Umsatz, machen die Eröffnung zum Erfolg?
- Wie viel Personal ist nötig in der Küche, im Service?
- Funktioniert das Marketing, welche Maßnahmen sind zielführend, welche nicht?
- Was kostet der Wareneinkauf, die Werbung?

- Welche Angebotspräsentation passt zur Zielgruppe?
- Sind alle Mitarbeiter*innen in Bezug auf Qualität, Hygiene, Aufmerksamkeit geschult?
- Sitzen sämtliche Handgriffe, sind Arbeitsabläufe eingeteilt und geprobt?
- Üben Sie Konsequenz und Freundlichkeit auch unter stressigen Bedingungen VOR der Eröffnung!
- Erkennen Sie die Vorteile, Aufgaben systematisch zu delegieren. Weisen Sie Ihr Personal an, wer was wann und wo zu tun hat!
- Machen Sie sich und Ihrem Personal unmittelbar vor der Eröffnung eingehend bewusst, dass es nur diese eine Chance gibt!
- Legen Sie sich einige wohlüberlegte Sätze zurecht, mit denen Sie Ihr Team motivieren und Ihren Gästen gegenübertreten!

Mit welchen Worten motiviere ich mein Team?

_____

_____

_____

_____

_____

_____

_____

Wie begrüße/verabschiede ich meine Gäste?

_____

_____

_____

_____

_____

_____

_____

_____

#6: Teamwork

Sie müssen nicht alles allein machen und vor allem müssen Sie nicht Everybody's Darling sein! Ein großer Fehler von Gründer*innen ist die Annahme, dass Teamwork gleich Freundschaft bedeutet. Ihre Mitarbeiter*innen sind aber nicht ihre Freunde, sondern Ihre Angestellten. **Sie tragen Verantwortung für jene Menschen, die vom Erfolg Ihres Unternehmens abhängig sind.** Das ist der eklatante Unterschied, den Sie bitte jederzeit im Hinterkopf behalten sollten. Allerdings bedeutet das im Umkehrschluss nicht, dass Sie sich als Boss*in aufspielen und von oben herab Befehle erteilen. Nein, ganz und gar nicht!

Teamwork basiert auf Vertrauen, das auf Gegenseitigkeit beruhen sollte. Und dieses Vertrauen muss man sich verdienen – mit Empathie und Engagement. Wenn Sie zu freundlich sind, Fehler und etwaige Streitigkeiten zulassen, wird Ihr Team Sie nicht respektieren. Sie sind der Leitwolf oder die Leitwölfin im Rudel. Sie sorgen für Essen und Sicherheit; natürlich im übertragenen Sinne. Aber lassen Sie mich bei diesem Beispiel bleiben: Solange alle Wölfe im Rudel das bekommen, was sie brauchen, werden sie auch zufrieden sein, gemeinsam jagen und den/die Alpha akzeptieren. Wie Sie das erreichen können, und zwar noch vor der Eröffnung?

- Stellen Sie nur Personen ein, die zu Ihnen passen!
- Kommunizieren Sie konkret Ihre Erwartungen!
- Bieten Sie Respekt und Anerkennung!
- Formulieren Sie gemeinsam ein konkretes Ziel, das für alle im Team realisierbar ist und sich gut anfühlt!
- Finden Sie Stärken und fördern Sie Leistung!
- Loben Sie vor der Gruppe, tadeln Sie stets im persönlichen Gespräch!
- Bleiben Sie konsequent bei Fehlern, aber offen für Veränderungen!

#7: Gästeerlebnis

Welche Erwartungen haben Sie eigentlich an die Eröffnung? Endlich raus in die Praxis? Feedbacks haschen? Geld verdienen? Sich beweisen?

Das alles ist absolut nachvollziehbar. Falsche Bescheidenheit wäre hier fehl am Platz. Wenn Sie es bis zur Eröffnung geschafft haben, können Sie zurecht stolz auf sich sein. Die Behördengänge waren nervig, die Vorbereitungen stressig, das private Umfeld ist im Zweifel keinesfalls vollständig auf Ihrer Seite, unvorhergesehene Widrigkeiten kosteten Mühe, Ihre Unternehmensgründung jede Menge Kraft. Und nun stehen Sie an der Schwelle Ihrer Zukunft, an der Tür oder dem Tresen Ihres eigenen Gastrobetriebs und wünschen sich, dass die anderen stolz auf Sie sind, Ihnen die Hand reichen und Glück wünschen. Oder?

Bestenfalls passiert genau das, aber warten Sie bitte nicht darauf. Um Ihr Glück kümmern Sie sich ab sofort selbst und als Gastgeber*in ist es Ihr Job, anderen die Hand zu reichen und alles dafür zu tun, dass ebendiese Menschen sich bei Ihnen wohlfühlen. Diese Entstellung ist wichtig, denn erst das Gäste- oder Kundenerlebnis wird Sie bei der Eröffnung sowie alle Tage danach zum Erfolg führen und jene Menschen, für die Sie Verantwortung tragen, und letztlich Sie selbst langfristig glücklich machen. Was Sie dafür brauchen?

- Demut und Respekt
- Empathie und Engagement
- Teamwork und Vertrauen
- ausgearbeitete Konzepte
- auf Funktionalität geprüfte Ideen
- Qualität und konsequente Fehleranalyse
- realistische und leidenschaftliche Ziele

- objektive Selbstreflexion und gesunder Egoismus
- ein harmonisches Miteinander, wo Bedürfnisse gesehen und befriedigt werden
- eine Atmosphäre zum Wohlfühlen und Wiederkommen

Vor diesem Hintergrund möchte ich Ihnen jetzt die letzte Aufgabe stellen und Sie motivieren, auf den folgenden fünf Zeilen all das in komprimierter Form zusammenzufassen, was ich in diesem Booklet versucht habe, Ihnen mit auf den Weg zu geben:

Was ist das Ziel meiner Eröffnung?

_____

_____

_____

_____

_____

_____

_____

_____

_____

_____

GUTES GELINGEN!

CHECKLISTE

- Wie wichtig ist mir mein Geschäft?
- Was habe ich zu bieten?
- Wann plane ich die offizielle Eröffnung?
- Bleibt mir genügend Zeit für die Vorbereitung?
- Sind alle Baumaßnahmen abgeschlossen?
- Liegen die nötigen Genehmigungen und Anmeldungen vor?
- Wie sehen meine Warenbestände aus?
- Steht ausreichend qualifiziertes Personal bereit?
- Habe ich genügend Geld zur Verfügung?
- Ist die Gästeliste fertig?
- Wie werde ich meine Gäste begrüßen?
- Welche Marketingmaßnahmen habe ich geplant?
- Reicht mein Budget für eine professionelle Werbung?
- Gibt es kreative Köpfe in meinem Umfeld, die mir helfen können?
- Wer sind meine Multiplikatoren?
- Welches Highlight plane ich für meine Eröffnung?
- Und was kommt danach?

MACHEN SIE ES GUT – UND NICHT ALLES AUF DEN LETZTEN DRÜCKER!

EIN LETZTES WORT

Abschließend möchte ich Ihnen alles erdenklich Gute wünschen auf Ihrem Weg, der bisweilen steinig sein wird. Um bestens vorbereitet zu sein, empfehle ich Ihnen, alle für Sie wichtigen Punkte aus diesem Booklet zu notieren und zu verinnerlichen. Suchen Sie sich Menschen, die Ihnen bei der Umsetzung behilflich sind. Erzählen Sie mit Begeisterung und Stolz von Ihrem Geschäft, denn ab sofort sind Sie in einer großartigen Branche tätig, die nicht nur für Ihre individuellen Bedürfnisse existenziell sein wird, sondern für uns alle, unser Miteinander, unsere Freiheit.

Wir sind für unsere Gäste da, bieten ihnen etwas Besonderes, das sie zu Hause nicht bekommen. Wir sorgen dafür, dass es Menschen gut geht, dass sie glücklich sind. Wir schaffen unvergessliche Erlebnisse, Wohlfühlmomente. Essen und Trinken ist Kultur, unser Beruf ist relevant für eine funktionierende Gesellschaft. Bei uns zählt die Gemeinschaft, nicht die Spaltung.

Aber Krisen, Klima, Krieg kann man keinesfalls weglächeln, den knallharten Realitäten nicht mit einem verträumten Kumbaja begegnen. Was uns momentan von außen zu schaffen macht, ist gewaltig. Trotzdem sage ich, dass die meisten Probleme von innen kommen, also hausgemacht sind. Und genau deshalb sind wir in der Gastronomie und Hotellerie nicht auf Gedeih und Verderb der Zeitenwende ausgeliefert.

Wir sind keine Eisbären, die auf einer stetig kleiner werdenden Eisscholle in den Untergang treiben.

WIR SIND WIE LÖWENZAHN,

der saftig in kargen Betonritzen blüht, weil er Durchhaltevermögen besitzt und die Fähigkeit, sich äußeren Einflüssen flexibel anzupassen. **Seien Sie wie der Löwenzahn. Gehen Sie mutig voran, mit Herz und Verstand. Deutschland braucht Sie!**

Ihr GASTRO-COACH

Pero Vrdoljak

WAS SAGEN GASTRONOMEN?

Slafko, STEAKHAUS MEDAILLON, Emsdetten

Krisen zwingen uns, innezuhalten und darüber nachzudenken, was wirklich wichtig ist. Wir haben uns intensiv mit unserer Speisekarte auseinandergesetzt, mit der Art und Weise, wie wir kalkulieren, wirtschaften und präsentieren.

Auch wenn viele momentan dazu neigen, sich auf das Notwendige zu beschränken, haben wir uns dazu entschieden, mutig zu sein, neue Wege zu gehen und gleichzeitig unseren Gästen stets das Beste zu bieten. Unser Ansatz besteht darin, nicht in Angst zu verharren, sondern die Chance in der Krise zu nutzen, unser Angebot zu verbessern und den Kontakt zu unseren Gästen zu intensivieren. Es geht nicht darum, etwas Kostenloses anzubieten. Vielmehr sind wir davon überzeugt, dass ein herausragender Service den Unterschied macht.

steakhaus-medaillon

Marnix & Svetlana, ALPENLIEBE DESIGN HOTEL, Inzell

Die Zukunft der Gastronomie ist ganz deutlich: Der Einzelhandel wird aussterben, das siehst du auch in den kleineren Orten, weil über das Internet alles zu kaufen ist. Aber ein Frisör oder Zahnarzt wird immer Arbeit haben. Und so ist es auch in der Gastronomie. Vielleicht wird das in 40 Jahren ein Roboter machen, aber den persönlichen Kontakt, das Zwischenmenschliche kann keine Maschine ersetzen. Darin liegt unsere Chance.

Die leerstehenden Läden soll man befüllen mit kleiner Gastro. Tolle Konzepte entwickeln, sich spezialisieren. Aber gute Preise. Es soll chic sein, Klasse haben, nicht billig und schnell. Da sehe ich die Zukunft der Gastronomie. Mit mehr Mut und Leidenschaft, das wird sich lohnen!

inzell-hotels.bayern

Miro, RESTORAN AGA, Nemira

In Zeiten der Gastrokrise möchte ich jedem Gastronomen ans Herz legen, nicht den Kopf in den Sand zu stecken, sondern aktiv nach Lösungen zu suchen. Wir haben alles Mögliche digitalisiert, um reibungslose Abläufe zu gewährleisten und dem Personalmangel entgegenzuwirken. Darüber hinaus haben wir die Löhne erhöht und zusätzliche Vorteile für unser Team geschaffen. Nur gemeinsam können wir diese Herausforderungen meistern und die Zukunft der Gastronomie gestalten.

facebook.com/agarestoran

Bajso, KONOBA BAJSO, Jesenice

Ein klarer Wettbewerbsvorteil liegt in einer präzisen Zielgruppendefinition sowie der konsequenten Anpassung des Angebots. Wir haben uns bewusst auf die dalmatinische Küche spezialisiert und verwenden ausschließlich regionale, frische Produkte. Diese Authentizität hat zum wirtschaftlichen Erfolg beigetragen und uns eine loyale, zufriedene Kundschaft beschert. Unsere Gäste fühlen sich bei uns als Teil einer großen Familie – und genau das macht für uns den Unterschied.

facebook.com/konobaBajso

Benjamin, RESTAURANT SPLIT, Gronau

Wir wollen mehr bieten als gutes Essen. Mit einem neuen Raumkonzept haben wir einen Wohlfühlort geschaffen, an dem sich unsere Gäste entspannen und den Alltagsstress hinter sich lassen können. Unser Servicepersonal ist durch intensive Weiterbildung in der Lage, Kundenwünsche noch besser zu verstehen und gezielt Empfehlungen auszusprechen. Unsere Gäste schätzen es sehr, wenn sie nicht nur das bekommen, was sie sich vorgestellt haben, sondern auf zusätzliche Angebote hingewiesen werden, die ihren Besuch bereichern.

Insgesamt war die Renovierung und die Schulung des Teams eine Investition in die Zufriedenheit unserer Gäste. Und ihr Feedback zeigt uns, dass wir auf dem richtigen Weg sind. Wir freuen uns darauf, auch in Zukunft ein Ort zu sein, an dem sich Menschen wohlfühlen und gern wiederkommen.

split-gronau.de

Ihr Gastro-Coach

Pero Vrdoljak ist Gastro-Coach aus Leidenschaft. Aufgewachsen in der Gastronomie, wusste er schon als kleiner Junge, dass es seine Berufung ist, Menschen glücklich zu machen.

Nach einer umfassenden Ausbildung übernahm er das elterliche Restaurant, welches unter seiner Führung in kürzester Zeit zu einem populären Steakhouse avancierte. Der gelernte Hotelfachmann arbeitete in Kroatien, Deutschland, im Londoner Hilton und Waldorf Astoria in New York.

Seit 2013 widmet sich Pero Vrdoljak dem GASTRO-COACHING. Mitten in der Pandemie brachte er das Schnitzeltaxi in Emsdetten zum Laufen und steigerte ab dem ersten Jahr sukzessive den Umsatz.

VOM GASTRONOMEN – FÜR GASTRONOMEN ist das Motto, unter dem Pero Vrdoljak sein Wissen weitergibt. Nach über fünfunddreißig Jahren Berufspraxis als Gastronom und Coach weiß er, wo die Probleme liegen und konkreter Handlungsbedarf besteht. Seine realistischen Analysen und praxisnahen Tipps eignen sich sowohl für Gründer*innen als auch für all jene in der Gastrobranche, die mehr wollen als nur überleben.

In seinen aktuellen Büchern aus der GASTRO-COACHING-Reihe findet Pero Vrdoljak Antworten auf die Fragen am Puls der Zeit. Was hat sich in der Gastro seit Corona geändert? Wie gehen wir mit den Konsequenzen des Wandels und Mangels um? Welche Chancen finden wir in der Zeitenwende?

GERDI ON TOUR

Gastro-Reporterin Gerdi war on Tour, um in allen 16 Bundesländern die Gastro-Szene unter die Lupe zu nehmen. Herausgekommen ist eine umfassende Bestandsaufnahme über regionale Unterschiede, individuelle Pleiten, großartige Innovationen und kommunale Förderprogramme. Im Folgenden werde ich immer mal wieder Bezug auf Gerdis Gastro-Stories nehmen. Erforderlich ist die Lektüre nicht. Fühlen Sie sich frei, das Booklet zu kaufen. Abschließend möchte ich mich bei dir für dein Interesse bedanken, für deine Neugier, deine Skepsis, dein Engagement und für dein unaufhaltsames Streben, ein Teil der Gastrobranche zu werden oder zu bleiben. Ich hoffe, dich ein kleines bisschen motiviert zu haben und wünsche dir VIEL ERFOLG!
Deutschland braucht dich!

Deine Gerdi

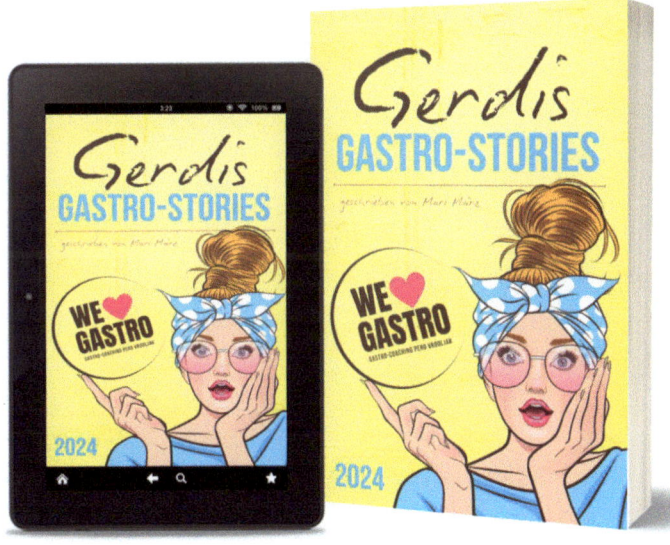

GASTRONOMIE AM PULS DER ZEIT

www.gastro-coaching.de

LESEPROBE: AM PULS DER ZEIT

Der Titel dieses Buches ist keine Floskel, keine Phrase, keine werbeheischende Schlagzeile. Die Gastronomie lebt am Puls der Zeit. Und diese Zeit meint es gerade nicht gut mit uns. Erst fehlten die Gäste, jetzt fehlt den Gästen das Geld. In weiten Teilen unserer Republik fiel 2024 die Zukunft vieler Gastronom*innen buchstäblich ins Wasser. Während vor fünf Jahren noch die größte Herausforderung darin bestand, mit Bio und Regio im Verdrängungsmarkt Gastronomie kontinuierlich Umsätze zu erwirtschaften, geht es mittlerweile ums nackte Überleben.

Pandemie, Klimawandel, Bürokratie, Krieg, Inflation, Preissteigerungen, grüne Transformation, Fachkräftemangel, Populismus, kollektive Depression … Und wir? Was fangen wir an mit dieser Zeitenwende? Haben kreative Konzepte überhaupt noch eine Zukunft? Gibt es tatsächlich Chancen inmitten der Weltuntergangsstimmung? Sind wir noch zu retten?

Mein Name ist Pero Vrdoljak. Ich kann Ihnen nicht versprechen, dass bald alles wieder gut wird. Niemand kann das. Aber ich kann Sie unterstützen, die gegenwärtigen Krisen zu meistern.

Warum? Weil es für uns alle immens wichtig ist, dass Ihr Gastrobetrieb überlebt. Weil Deutschland ohne uns nicht überleben kann.

Wir sind es, die jede noch so kleine, aber vor allem jede große Veränderung im gesellschaftlichen, ökonomischen und ökologischen Kontext zu spüren bekommen. Während der Pandemie mussten wir unverschuldet um Hilfe betteln, unsere Mitarbeiter*innen in Kurzarbeit schicken, binnen weniger Tage komplett neue Konzepte entwickeln, um irgendwie den Laden am Laufen zu halten.

Im demographischen Wandel müssen wir um jede Fachkraft ringen, den beruflichen Alltag der Work-Life-Balance anpassen, neue Arbeitszeitmodelle anbieten, smart, woke und de luxe sein, um den Jungen zu gefallen, ohne die Alten zu verlieren. Bürokratie und Personalmangel zwingen uns, Arbeitsprozesse zu digitalisieren - ob wir wollen oder nicht.

Der Wunsch nach mehr Transparenz bedeutet für uns, aus Speisekarten peinlich genaue Beipackzettel zu machen, in denen jede Zutat minutiös aufgelistet ist. Halten wir Vorschriften nicht ein, wird der Laden dichtgemacht. Erfüllen wir nicht punktgenau sämtliche Kundenwünsche, kassieren wir miese Online-Bewertungen. Jeder Gast und jede Gästin kann mit dem Smartphone unser Lokal filmen und sich sowohl positiv als auch negativ darüber äußern. Bewirbst du in den sozialen Netzwerken dein Angebot, wird sich über die Preise aufgeregt, über zu viel oder zu wenig Fleisch.

Und wehe, du weißt nicht, wie die Kuh mit Namen hieß, auf welchem Acker der Salat wuchs, auf welcher

Plantage der Kaffee angebaut wurde. Im Zeitalter der Selbstoptimierung und Globalisierung wird es immer schwerer, mit den Ansprüchen Schritt zu halten. Mal ganz zu schweigen vom Klimawandel, der sowohl Ernten vernichtet, Existenzen zerstört, Preise hochtreibt als auch mehr Nachhaltigkeit und neue Strategien fordert.

Seit Russlands Angriffskrieg in der Ukraine müssen wir explodierende Kosten ertragen, uns die Hacken nach Wodka ablaufen und zunehmend eskalierende Debatten an unseren Tischen aushalten. Die Gesellschaft zerbricht im Strudel der Zeitenwende.

Und die Gastronomie? Was sind wir?

Die Kapelle auf der Titanic?

Der DEHOGA befragte im Juli 2024 Vertreter*innen aus dem Gastgewerbe mit deutlich unterschiedlichem Ergebnis. Für das 3. Quartal 2024 beurteilten knapp 70 Prozent die Aussichten als schlecht bis befriedigend. Immerhin stolze 8,8 Prozent bewerteten ihre Perspektiven als sehr gut.

DEHOGA-Präsident Guido Zöllick spricht immer wieder von einer angespannten Lage und fordert mehr Unterstützung von der Politik, gleichzeitig aber weniger Bürokratie sowie einen fairen Wettbewerb.

»Wenn sich nichts ändert,
stehen weitere Tausende Betriebe vor dem Aus.«

Ja, richtig. Danke für die Zahlen. Danke für das Statement. Die generelle Absenkung der Mehrwertsteuer auf 7 Prozent wäre super, mehr gesamtgesellschaftlicher Zuspruch wünschenswert. ABER!

WOLLEN WIR ALLEN ERNSTES UNSERE ZUKUNFT DER HOFFNUNG ÜBERLASSEN?

Ohne Frage, der DEHOGA macht einen guten Job, die Politik ist beschränkt auf die Kunst des Möglichen, Städte und Gemeinden sind bemüht, alles großartig. Wir können dankbar, gern auch kritisch sein oder uns selbst engagieren. Aber hören wir doch bitte auf, weiter den Buhmann zu suchen, Gott und die Welt für unser Leid verantwortlich zu machen und uns wie die Lemminge von der Klippe zu stürzen. Denn mal ehrlich! Was sind wir? Verwöhnte Fünftklässler, die sich von Mutti die Schuhe binden lassen und Vati holen, wenn uns jemand auf dem Schulhof das Pausenbrot klaut?

Ja, die Gastrobranche hat massive Probleme. Aber welches Problem wurde jemals durch Jammern oder Subventionen gelöst? Wollen wir tatsächlich die Hände in den Schoß legen und auf Hilfe warten? Was passiert, wenn der Staat sich zu sehr einmischt, wird dann alles besser, der Wettbewerb fairer, die Bürokratie weniger?

Wie lange wollen Sie auf ein Wunder hoffen?

Das Gastgewerbe gibt es seit der Antike. 1765 servierte ein gewisser Herr Boulanger zum ersten Mal »köstliche Restaurants«. In all den Jahrhunderten herrschten zig Pandemien, Hungersnöte, Kriege, Diktatoren. Und, ist das Gastgewerbe gestorben?

Niemand von uns muss Geschichte studiert haben, um zu erkennen, dass die Rahmenbedingungen heute um ein Vielfaches besser sind als jemals. Noch nie hatten wir eine so umfassende staatliche Unterstützung. Noch nie hatten wir so viele Möglichkeiten. Und da wollen Sie einfach aufgeben, Ihre Träume an den Nagel hängen, um ab morgen was zu tun?

Wo steht eigentlich, dass wir nur unter optimalen Bedingungen arbeiten können? Und wie sollen diese optimalen Bedingungen eigentlich aussehen? Wenn die Menschen mehr Geld übrig haben? Und was dann? Nach den Gesetzen der Marktwirtschaft würde das Angebot steigen. Mehr Konkurrenz also. Hätten Sie dadurch irgendetwas gewonnen? Mehr staatliche Unterstützung bedeutet auch immer mehr Bürokratie. Kein Naturgesetz, aber eine typische Konsequenz.

Wollen Sie das?

Wegen zu hoher Personalkosten müssten Gastrobetriebe schließen, heißt es immer wieder. Was wäre der Umkehrschluss: Dumpinglöhne? Jede Fachkraft, jeder Mensch hat das Recht auf eine faire Bezahlung!

Wegen der sogenannten Mehrwertsteuererhöhung müssten Gastronom*innen Insolvenz anmelden. Welche

Erhöhung? Die Subvention wurde zurückgenommen. Ja, der Kanzler hatte es anders versprochen. Na und? Was haben wir davon, über die Politik zu schimpfen, die uns übrigens drei Jahre lang diese 12 Prozent schenkte? Die Mehrwertsteuer gehörte noch nie uns. Wer sie als Netto-Einnahme verbucht, geht verdient pleite.

Ja, das klingt hart. So hart, wie die Zeiten nun mal schlechtgeredet werden. Nur Scharlatane behaupten, dass es leicht ist, Gastwirt*in zu sein. Unsere Branche ist geprägt von Hochs und Tiefs. Schon immer!

Denn das Wesen der Gastronomie besteht darin, Menschen glücklich zu machen. Und die Menschheit entwickelt sich in einem steten Prozess, den man Leben nennt. Es wäre also wider die Natur, mit der naiven Hoffnung im Stillstand zu verharren, dass alles so wird, wie es einmal war.

In diesem Buch werde ich Ihnen nichts versprechen und auch nichts vorschreiben. Stattdessen werde ich Ihnen Mut machen und Möglichkeiten aufzeigen, wie es geht. Denn wie es nicht geht, wissen Sie allein oder können es täglich in der Zeitung, im Netz und in den sozialen Medien lesen. Geben Sie bei Google »Gastrosterben« ein und Sie werden zig Beiträge finden, in denen melodramatisch die Misere beschrieben wird. Zum Thema »Chancen in der Gastronomie« hingegen haben Zeitungen und Branchenverbände verflucht wenig zu sagen. Die Journaille mag mit Clickbait-Jammern Geld verdienen. Wir aber nicht!

Verschwenden wir also nicht länger wertvolle Energie und Lebenszeit. Lassen Sie uns auf jene 8,8 Prozent aus besagter DEHOGA-Umfrage schauen, die ihre Aussichten mit »sehr gut« bewerten. Haben diese Kolleg*innen etwa andere Rahmenbedingungen, bessere Chancen als wir? Auch wenn das Tempo der Veränderungen durchaus Angst machen kann, ist doch der positive Blick nach vorn unsere einzige Möglichkeit. Vielleicht wird nicht alles, was ich in diesem Buch als Chance beschreibe, für Sie infrage kommen. Das ist auch gar nicht nötig.

SIE BESTIMMEN DAS ZIEL
UND DEN WEG DORTHIN.

Wenn Sie keine Kraft mehr haben und ans Aufgeben denken, ist das keine Schande. Gewiss haben Sie hart gearbeitet und lange gekämpft. Vielleicht haben Sie gerade erst angefangen und wissen noch gar nicht so richtig, wo die Reise hingeht. Es könnte auch sein, dass Sie sagen: Endlich spricht das mal jemand aus. Ich kenne Sie nicht. Weder Ihre Stärken noch Ihre Sorgen. Aber ich möchte mit allem, was ich weiß und erfahren habe, mein Bestes tun, dass Sie Ihre Leidenschaft wiederfinden und die Kraft, Ihre Ärmel hochzukrempeln und weiterzumachen.

JETZT ERST RECHT!

Neben den Basics unseres Geschäfts, die zum Glück relativ unabhängig von der Zeitenwende sind, werden in diesem Buch sämtlich eben aufgezählte Probleme von mir betrachtet und entsprechende Lösungen aufgezeigt. Für eine flächendeckende Bestandsanalyse habe ich mich in der Branche umgeschaut, mit diversen Gastronom*innen gesprochen und GASTRO-REPORTERIN GERDI durch Deutschland geschickt, die für mich und für Sie die aktuelle Situation in allen 16 Bundesländern unter die Lupe nahm.

Bevor es losgeht, noch ein paar Worte, die mir sehr am Herzen liegen:

Liebe Gastronom*innen,
lassen Sie uns gemeinsam die Liebe zu diesem wunderbaren Beruf wiederentdecken! Die Gastrobranche ist weit mehr als nur systemrelevant. Wir halten das Land, die Gesellschaft am Laufen. Wir schaffen Orte der Begegnung, der Freude, des Glücks. Wir bringen Menschen zusammen und geben ihnen das, wonach wir uns alle sehnen: Gemeinschaft, Genuss, Frieden, Miteinander. Jede/r aus unserer Zunft leistet einen wichtigen Beitrag, deshalb können wir auch auf niemanden verzichten.

Nehmen Sie sich Zeit, wann immer sie Ihnen zur Verfügung steht. Die Lektüre meines Buches ist kein Wettbewerb, das Arbeiten mit den Checklisten und die Erkenntnis zwischen den Zeilen kein Marathon. Lesen Sie bitte jedes Kapitel mit der nötigen Sorgfalt. Haben Sie Fragen, Anregungen oder Verbesserungsvorschläge, kontaktieren Sie mich. Und wenn Ihnen dieses Buch gefällt, lassen Sie gern andere teilhaben.

Machen Sie es gut - im wahrsten Sinne!
Deutschland braucht Sie.

Ihr GASTRO-COACH
Pero Vrdoljak

BUCHEN SIE GASTRO COACHING!

COACHING A

Erstberatung per Video-Chat in drei Schritten

1: Analyse (Was läuft nicht?)
2: Strategie (Was geht besser?)
3: Auswertung (Was läuft gut?)

3 x 60 Minuten persönliche Beratung via Zoom-Call
Zeitraum: 3 Wochen

COACHING B

Begleitendes Coaching per Video-Chat mit Themenwahl

1: Wie steigere ich meinen Umsatz?
2: Wie finde ich gutes Personal?
3: Wie kalkuliere ich richtig?

12 x 60 Minuten persönliche Beratung via Zoom-Call
Zeitraum: 3 Monate

COACHING C

Persönliche Betreuung per Video-Chat und WhatsApp
+ 2 Workshops wahlweise vor Ort oder Villa Vrdoljak in Kroatien

RE-LAUNCH

Wöchentliches Gespräch via Zoom-Call
WhatsApp-Chat für direkten Austausch
Zeitraum: 12 Monate

Alle Preise, Konditionen und Termine erhalten Sie auf Anfrage. Möchten Sie mehr erfahren, Ihre Beratung individuell anpassen, dann schicken Sie eine E-Mail an: pero@gastro-coaching.de.

Weitere Informationen und Hinweise finden Sie hier: www.gastro-coaching.de

Scannen und direkt zu www.gastro-coaching.de

Urheberrecht/Leistungsschutzrecht

HAFTUNGSBESCHRÄNKUNG

@ IMPRESSUM

Angaben gemäß § 5 TMG:
Pero Vrdoljak; Diemshoff 38; 48282 Emsdetten
E-Mail: pero@gastro-coaching.de
Internet: www.gastro-coaching.de

DIE GASTRONOMIE LEBT AM PULS DER ZEIT. Pandemie, Bürokratie, Krieg, Inflation, Preissteigerungen, grüne Transformation, Fachkräftemangel … Wir sind es, die jede Veränderung im ökonomischen, demografischen und ökologischen Wandel zu spüren bekommen. Die Frage ist: Was machen wir daraus?
Mit diesem Buch möchte ich Sie unterstützen, die gegenwärtigen Krisen zu meistern. VOM GASTRONOMEN FÜR GASTRONOMEN. Weil es wichtig ist, dass Ihr Gastrobetrieb überlebt. Sie halten die Gesellschaft am Laufen. Wir schaffen Orte der Begegnung, der Freude, des Glücks. Jede/r aus unserer Branche leistet einen wichtigen Beitrag, deshalb können wir auf niemanden verzichten. Lassen Sie uns gemeinsam die Ärmel hochkrempeln und Lösungen finden, denn vom Jammern wird definitiv nichts besser. Deutschland braucht Sie!
Ihr Pero Vrdoljak

DER TRAUM VOM EIGENEN RESTAURANT ODER FOODTRUCK kann für angehende Gastronom*innen zwischen Wandel und Mangel schnell zum Albtraum werden. Ob Fernsehkoch, Fachkraft oder Quereinsteigerin: Für uns alle gelten dieselben Regeln, wenn es um Hygiene, Lebensmittelsicherheit, Standortbestimmung, Konzeptsuche, Konsumentenverhalten, Personalverantwortung und das Kleingedruckte in Verträgen geht. Mit diesem Booklet möchte ich all jene unterstützen, die den Schritt in die Selbständigkeit wagen. Dazu gehört Mut, Leidenschaft, aber auch betriebswirtschaftliches Knowhow, ein solider Businessplan und die Bereitschaft, über sich und die Vorurteile anderer hinauszuwachsen.
VOM GASTRONOMEN FÜR GASTRONOMEN gebe ich Ihnen das nötige Rüstzeug an die Hand. Weil Deutschland Sie braucht. Weil Sie unsere Zukunft sind.
Machen Sie bitte das Beste daraus!
Ihr Pero Vrdoljak

WAS IST LOS IN DER GASTRO? Krisen, Klima, Krieg … Die Leute drehen durch. Der Ton wird rauer. Das Geld wird knapp. Preise steigen. Fachkräfte fehlen. Durchatmen! Tief durchatmen!
Fragst du dich, ob die Gastronomie noch eine Zukunft hat?
Großartig! Dann habe ich exakt für dich dieses Buch geschrieben, bin für dich durch alle 16 Bundesländer gereist. Mit einer Frage im Gepäck: SIND WIR NOCH ZU RETTEN?
Im Auftrag des Gastro-Coaches Pero Vrdoljak suchte ich von Aachen bis Zwickau nach Lösungen für die Zukunft der Gastronomie … und fand sie … zwischen Pleiten, Leerstand und Gentrifizierung, zwischen Hochwasser, Sturmschäden und grüner Transformation.
Ist dein Rucksack gepackt? Hast du Platz gelassen für ein paar gute Ideen?
Dann los!
Deine Gerdi

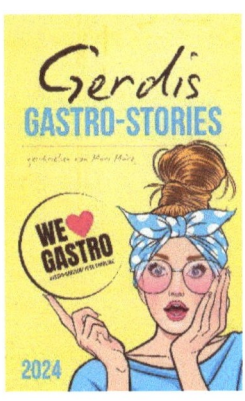

Vielen Dank, dass Sie sich für
GASTRO-COACHING entschieden haben.
gastro-coaching.de

Ich würde mich freuen, wenn Sie
Ihre nächste Auszeit bei uns buchen.
vrdoljak.de

Scannen und direkt zur Villa Vrdoljak